传奇科学家的探索之旅

哇！科学家
发现与创造的智者

盒子猫　编著

化学工业出版社
·北京·

内容简介

一只小猫的生死为何如此难测？我们脚下的大陆是不是正在慢慢漂移？数字中究竟蕴含着怎样的奥妙？阳台上的豌豆要告诉我们什么？

本册中介绍了 17 位科学家及其传奇故事。他们的脑袋里时常会冒出一些奇思妙想。这些坚韧不拔的智者，在一次次观察、一次次实验、一次次计算中搞出了很多伟大的发明和发现，让我们的生活为之改变。

图书在版编目（CIP）数据

哇！科学家．发现与创造的智者/盒子猫编著．—北京：化学工业出版社，2022.1
（传奇科学家的探索之旅）
ISBN 978-7-122-40275-2

Ⅰ．①哇… Ⅱ．①盒… Ⅲ．①科学家-列传-世界-儿童读物 Ⅳ．①K816.1-49

中国版本图书馆 CIP 数据核字（2021）第 235383 号

责任编辑：刘莉珺　　　　　　　　　文字编辑：李　曦
责任校对：田睿涵

出版发行：化学工业出版社（北京市东城区青年湖南街 13 号　邮政编码 100011）
印　　装：北京宝隆世纪印刷有限公司
710mm×1000mm　1/16　印张 8　2023 年 1 月北京第 1 版第 1 次印刷

购书咨询：010-64518888　　　　　　　售后服务：010-64518899
网　　址：http://www.cip.com.cn
凡购买本书，如有缺损质量问题，本社销售中心负责调换。

定　　价：45.00 元　　　　　　　　　　　　　版权所有　违者必究

PREFACE

前言

教室里,当老师问大家"长大后你想从事什么职业?"时,许多只小手举起来,一个个争先恐后地回答:"歌唱家!""舞蹈家!""科学家!"……在这么多职业中,"科学家"这个回答是最需要勇气的。这是因为,科学家是能改变世界、影响全人类的一类人!

专门从事科学研究的人都可以被称为"科研工作者",但能被称为"科学家"的,都是一些能进行自主研究、创造出惊人成果的伟大人物。比如发现了"万有引力定律"的物理学家牛顿,提出了"日心说"的天文学家哥白尼,拥有1000多项专利的发明家特斯拉等。每一个被载入史册的名字,背后都有一段无法复制的人生。霍金在风华正茂的年纪身患绝症,凭借仅能活动的3根手指完成了《时间简史》;图灵从一个"留守儿童"成长为"计算机科学之父",凭借知识的力量破译敌方密码,帮助盟军取得了第二次世界大战的胜利;"社交恐惧症患者"卡文迪许连跟人交流都很困难,却能计算出地球的质量;在喷嚏黏液中发现溶菌酶、观察未清洗的培养皿发现青霉素的微生物学家弗莱明为提高全世界人口的平均寿命做出了卓越的贡献;躺在床上看地图,灵光一现提出"大陆漂移说"的魏格纳,是一名优秀的地质学家、气象学家和探险家;出身贫苦、差点儿输在人生起跑线上的法拉第"自学成才",发现了电磁感应现象,推动了改变世界的第二次工业革命……在人类历史的漫漫长河中,他们是最闪耀的科学巨星。

"哇！科学家"丛书收录了古今中外 50 位科学巨星的故事，他们在物理学、化学、数学、医学、生物学、天文学、地理学、计算机科学等诸多科学领域做出了历史性的巨大贡献。

读完每个故事，你会发现，每一位科学家都不是从天上掉下来的，而是扎根于生活的土壤里慢慢成长的。他们是天才，但更是凡人，他们都有自己的喜怒哀乐和爱恨怨憎。他们是一个个有思想、有血肉、有过往的人，而不仅仅是被印刷在教科书中的名字与定律。

读完每个故事，你会发现，虽然科学家们的性格各不相同，人生际遇也相差甚远，但他们都有一些共同点——对世间万物的强烈好奇，让他们不停地探索真理、破解疑问、求得真知；对知识的渴望，让他们在青少年时期无论贫富贵贱，都会尽力抓住一切机会努力求学，一生都像海绵吸水一样吸收着各种知识；惊人的毅力和耐心，让他们甘愿付出常人难以想象的时间和精力去进行科学研究，并在一次次失败后仍然钻研不息，最终取得耀眼的成功；巨大的勇气以及敢于挑战的大无畏精神，让他们能突破世俗、权威、历史甚至学科的局限，在布满荆棘的谬误荒野中开辟出一条通往真理的路……

也许，我们并不能完全体会到科学家的伟大，但在炎热的夏天，当我们注射完疫苗，搭乘汽车回到家中，打开电灯、空调，一边享受着从冰箱中取出来的小零食，一边在网上感受高科技给我们带来的视觉冲击时，我们应该意识到，现代科技和便利生活的背后是一代又一代科学家的身影。

PREFACE

目 录

1731	嘘，是卡文迪许	2
1736	瓦特，带动工业革命狂潮！	10
1743	化学界的"牛顿"——拉瓦锡	18
1766	不是天才的天才——道尔顿	24
1768	手拿望远镜的少女——王贞仪	30
1777	数学王子——高斯	38
1777	一"名"惊人奥斯特	46
1822	豌豆上的生物学家——孟德尔	54
1833	爆炸"狂人"诺贝尔	62

1847	超级发明家爱迪生	68
1849	别出声，巴甫洛夫很忙	76
1867	化学元素迷——居里夫人	84
1880	多元化人生的魏格纳	90
1887	横空出世的数学天才——拉马努金	98
1887	"喵星狂人"薛定谔	104
1900	注意！泡利来了	110
1928	数学"幽灵"——约翰·纳什	116

导语

一只小猫的生死为何如此难测？我们脚下的大陆是不是正在慢慢漂移？数字中究竟蕴含着怎样的奥妙？阳台上的豌豆要告诉我们什么？

有些时候，你的脑袋里会冒出一些奇思妙想。很多科学家都有过这种经历。在那些被我们当作常识的事情被证实之前，科学家们可是付出了很多努力。这些坚韧不拔的智者，在一次次观察、一次次实验、一次次计算中搞出了很多伟大的发明和发现，让我们的生活为之改变。

嘘，是卡文迪许

作者：仿声鸟

在18世纪的英国，有句著名的玩笑："英国人中有学问的没他有钱，有钱人都没他有学问。"这个笑话的主人公名叫亨利·卡文迪许。不过，他听到这个笑话可笑不出来。

名人小档案

姓名：亨利·卡文迪许　　**国籍**：英国
生卒：1731年10月10日—1810年3月10日
职业：化学家、物理学家、富翁　　**爱好**：科学研究
必杀技：给地球称重
成就：很多，比如发现水的构成元素是氢和氧、测算了地球的质量，等等

溜了，剑桥

卡文迪许成为科学家可不是拍拍脑袋的偶然事件。他的爸爸是当时有名的学者，他的祖父和外祖父都是英国地位很高的贵族，所以卡文迪许从小就受到家庭的熏陶。

11岁时，卡文迪许被送进了英国著名的贵族学校——海克雷学院读书，18岁时考入剑桥大学。当所有人都把卡文迪许看成"别人家的孩子"时，他却从人人梦寐以求的剑桥大学退学了，甚至没拿到毕业证书。后来，人们才得知他是因为厌恶大学中的宗教考试。

他爸爸得知了这个原因后非常生气，把他的零用钱砍到每年120英镑。卡文迪许就这样开始了自己的科学研究。

定居伦敦之后，他自己购买了大批书籍和实验器材，搭建了一间实验室。偶尔，他也会去"蹭"他爸爸在伦敦的实验室。

溜了，人类

在当时的人眼里，卡文迪许是个"怪人"，用今天的话说，他是个百分之百有"社交恐惧症"的人。

那时的欧洲人都喜欢聚会，可卡文迪许从来不参加。唯有两周一次的英国皇家学会的聚会才能让他离开实验室，在那个聚会上他会了解到科学界最新的动向和成果。据说后来，他开始对社交有了点兴趣——参加英国博物学家班克斯爵士的科学聚会。当然还是为了科学，不然还能为了什么？

那么参加聚会的卡文迪许是什么样呢？他总是低着头、弓着背、背着手，悄悄溜进屋里，把身边的人当空气，找个角落坐下来。如果有人看他一眼，他马上就会面红耳赤；如果再有人和他打招呼，那可不得了了，他会马上躲到别人身后。有一次，卡文迪许在班克斯家里做客，正巧有一位从奥地利来的科学家。更巧的是，这位远客是卡文迪许的"粉丝"，见到偶像当然是不住口地赞美。谁知，卡文迪许听了简直坐立不安，手脚都不知道放在哪里。最后，他穿过人群飞快跑出门去，坐上自己的马车躲回了家里。

卡文迪许认为，没有研究透彻的

东西不能公之于众,所以进行科学研究 50 多年,他只发表了 18 篇论文。这对于他这样全身心投入科学的人来说,算是相当低产的,但每个人都知道他在科学研究上非常高明。卡文迪许不爱说话,所以要想从他嘴里听到些什么评论那可太难了。

卡文迪许的朋友(你没看错,他确实有朋友)、化学家武拉斯顿总结,要想和卡文迪许交谈,必须做到:绝对不要靠近他,更不要看他,把头仰起,两眼望着天,就像对空气谈话一样在他身边晃悠。如果他对你嘀咕的内容感兴趣,也许会走到你身边,好像自言自语地说出一些自己的见解。总而言之,要想和卡文迪许交谈,演技必须过关。

你一定会想,他对外面的人有"社交恐惧症",但对自己家里的人应该不会了。那么,你就错了。

卡文迪许一生没有结婚，自然没有妻子和孩子，所以和他接触最多的其实是他的仆人。但你知道他们是如何交流的吗？他在家里也基本不和仆人说话，甚至见了他们会绕着走。如果有什么要求，他宁愿写在纸条上也不想开口。仆人们问他晚餐想吃什么，他会在纸条上写"一只羊腿"。有时候一天几顿饭都吃羊腿，招待客人依然是羊腿。

"抠门"的大富翁

卡文迪许继承了父亲的遗产，身价达130万英镑，可他是出了名的"简朴"，他的衣服扣子掉了都不补。他曾经雇用了一个穷苦的老人为他整理图书，但工作结束后却不付给老人工钱。后来，经过朋友提醒，他才像突然醒悟了一样，立刻开了一张支票，数额是两万英镑。

他一生珍藏图书无数，为此他专门把自己的一处住宅改造成了图书馆，向公众开放。曾经他的一个仆人生病，向他开口借钱，他立刻给仆人开了一张1万英镑的支票。仆人连声说"太多了，太多了"，他还担心不够用。所以，卡文迪许并不是抠门，而是因为太有钱，太沉迷科学，反而对金钱没有什么概念。

为了科学研究，卡文迪许把自己的住宅改成大型的实验室。后来，又把实验室搬到乡下的别墅，拆掉了金碧辉煌的装饰，铲掉了门前名贵的花草，但他都不在乎。他的床边就放着各种观测仪器，方便他随时起床观测各种实验数据。直到逝世的前夜，他还在做实验，那时他已经 79 岁了。

牛顿之后最伟大的科学家

你可以不喜欢卡文迪许这个人，但不能否认他对科学的贡献和痴迷。看了下面的文字，你会了解直到今天，他的研究成果在你的生活中随处可见。

说到卡文迪许的科学成就，首先要提的是他分解了水。在此之前，人们普遍认为水是一种单一的元素，但是卡文迪许的研究改变了这一看法。1781 年，他用铁和稀硫酸做实验，得到了可燃的氢气。当得知空气中存在氧气的消息之后，他把氢气和空气混合，用电火花点燃，得到了纯净的水。由此，他推断出水是由氢气和氧气点燃后合成的，并不是单一的元素。通过测定气体体积，他还确定了生成水的氢气和氧气的比例为 2∶1。

此外，他还发现了二氧化碳，这就解释了石笋、钟乳石和喀斯特地貌的形成。

他的另一个巨大贡献是测定了万有引力常数 G。牛顿被苹果"砸"出了万有引力定律，但有一个影响万有引力的常数 G 却一直没人能够解开。1789 年，卡文迪许改进了一种叫"扭秤"的装置，在室内用一根镀银铜丝

吊一根木杆，木杆的两端各吊有不同质量的小球。为了避免空气的干扰，他在室外用望远镜进行远程操纵。所以，如果这时候有人路过，大概会看到一个老头用望远镜使劲看一个房间。这场面确实有点儿怪。就这样，他测定了万有引力常数 G，与现代人测算的 G 非常接近。有了 G 就意味着地球的质量也可以计算，于是卡文迪许也被称为"第一个称量地球的人"。

卡文迪许关于电的研究论文都没有发表。世界公认的另一位电学大师麦克斯韦有机会拿到了卡文迪许的研究手稿，他惊呼"卡文迪许几乎预料到了电学上的所有伟大事实"，而这些手稿大都是 100 年前写的。

那时，卡文迪许已经去世了 70 多年，他被当时的人认为是"牛顿之后最伟大的科学家。"

在人们眼中，卡文迪许古怪、孤僻，甚至有些不近人情，但他却赢得了当时人们的一致尊重。他把一生都献给了科学事业，用他的沉默将人类对于世界的认识向前节节推进。他去世后，他的后代亲属为剑桥大学捐赠了一间实验室，最开始就是以他的名字命名。到现在，这间实验室里已经培养了 26 名诺贝尔奖得主。

在人们的记忆里，那个总是穿着旧天鹅绒大衣，戴着过时三角帽坐在科学聚会前排的角落里，一有人想与他交谈就躲得老远的人，就是卡文迪许。

大家都来称重地球

卡文迪许为了测量万有引力常数 G，改进了一种叫"扭秤"的试验装置，最后成功测出了在当时最接近的 G。下面，让我们一起来复原他当时的实验吧。

首先，你需要准备：一根金属丝、一个小平面镜、一根轻而结实的 T 形架、两个小铅球、两个较大的铅球、一支激光笔。

一根金属丝

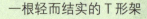
一根轻而结实的 T 形架

两个小铅球

一支激光笔

一个小平面镜

两个较大的铅球

尽量避免空气流动对扭秤的影响，请尽量在室内进行实验。

别打扰我！没看到我在给地球称体重吗？

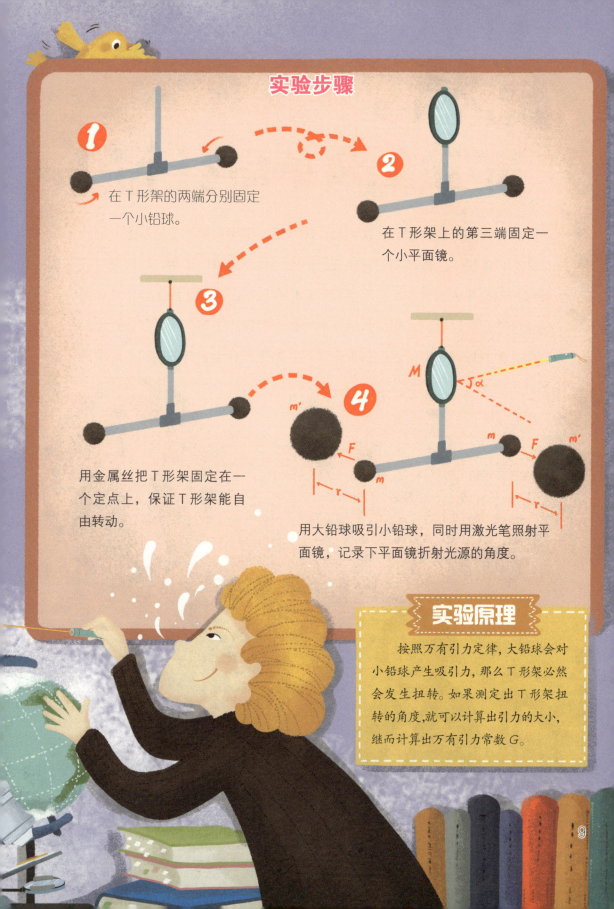

瓦特，带动工业革命狂潮！

瓦特作为工业革命的一代宗师，是一位不得不谈的西方科学家，他为一个时代提供了一种动力的可能性。假如没有蒸汽机的运用，海边港口的轮船将只能用人力划动，工厂里只有忙忙碌碌的工人在不停工作，铁道上的火车更是难以驱动。和许多科学家一样，瓦特先生也有一个广为流传的故事，但是你确定你听到的故事真实吗？如果你存着这样的疑问，那就接着往下看吧！

名人小档案

姓名：詹姆斯·瓦特　　**国籍**：英国
生卒：1736年1月19日—1819年8月25日
职业：发明家　　**爱好**：发明创造
必杀技：蒸汽动力术
成就：瓦特改良了蒸汽机，使蒸汽机得到广泛的应用。他还发明了新的透印印刷术、蒸汽碾压机、机械图纸着色法

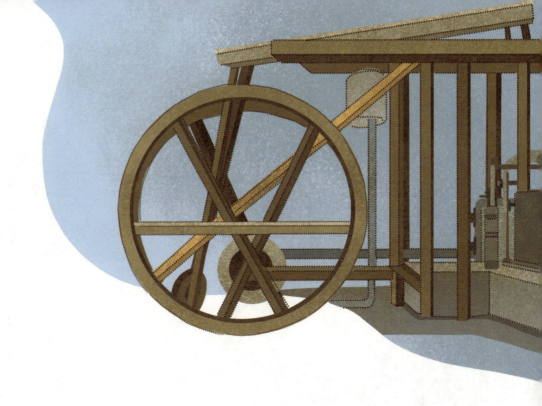

我是改良者,不是发明者!

瓦特最广为人知的就是他观察水壶烧水的故事。在这个故事中,小瓦特被烧开的水壶所吸引,连作业也不想写了,撒腿就往炉子那边跑,想要一探究竟。水蒸气一个劲儿往水壶外冒,顶得壶盖"啪啪"作响,不停地向上跳动,于是小瓦特便向奶奶提出自己的疑问,奶奶也回答不上来。经过反复的观察,瓦特终于发现壶盖跳动的原因是水蒸气在捣乱!从此,瓦特的小脑瓜里便萌发了利用蒸汽做动力的想法。

故事听起来很神奇,但却有很大的漏洞!的确,水壶盖被顶起来是因为蒸汽的作用,但想到可以利用蒸汽作为动力,瓦特却不是第一人,瓦特只是改良了前人发明的蒸汽机,并不是蒸汽机的发明者。

别人家的蒸汽机

最早的蒸汽机可以追溯到古希腊时期，公元1世纪，一位古希腊的科学家发明了汽转球，这个东西可以算是一个小发明、小玩具，一个空心的铁球上接了4根空心的管子，其中两根管子连着一口装满水的锅。这个机器就像一个长了腿和手的球，球的双腿站立在锅上，球的双手垂直弯曲，只要锅里的水一沸腾，水蒸气就会顺着球的腿往上冒，此时含在球内部的蒸汽无处可走，便只能从球的手中跑出去，排放的蒸汽则会形成一股反作用力，这样空心球就会转动起来。

后来法国科学家帕平利用杠杆原理，为高压锅安了一个杠杆式安全阀，就像一个高压锅挑了一个担子，这个设计靠蒸汽的力量将"担子"抬起，以释放高压锅内的压力，待锅内的压力平衡后，"担子"又会重新稳稳地落下，继续停留在高压锅的"肩膀"上。帕平1690年发明的这个机器为蒸汽机的出现起到了启蒙作用，但它不是真正的蒸汽机。

接下来的这个英国发明家厉害了，他名叫塞维利，他仔细研究了帕平的发明，并且在这个基础上做出创新，其中的原理有些复杂，总之他利用了蒸汽和压力，能将水提拉到高处，富有经济头脑的塞维利申请了专利，此后这个机器就叫作塞维利机。事物总有好坏两个方面，塞维利机的运作需要耗费大量的燃料，并且将水提升的高度大约只有9米，这也给使用者带来一些不便。

帕平早就看出了塞维利机的弊端，他给塞维利提意见，可塞维利拒绝与他交流。后来塞维利就破产了。这时，一个叫纽可门的神秘男子出现，他综合了前两者的优势，成功地造出了蒸汽机。之后，人们都使用他制造的蒸汽机，直到瓦特推出了他的改良蒸汽机。

瓦特家的蒸汽机

瓦特改良的蒸汽机那可就完全不一样了。

意识到纽可门蒸汽机症结所在后，瓦特想了一些办法。由于纽可门前辈改良的蒸汽机仍需要人力操作，并且耗时过长，于是瓦特想到可以为气缸设立一个冷凝器，蒸汽可以在冷凝器里冷凝（冷凝器在气缸外），不需要像以前一样，耗时费力地给机器注入冷水，使气缸中的水蒸气冷凝。

瓦特还想到，曾经一些机器上的活塞做的是直线运动，如果让它做圆周运动，蒸汽机就能带动一切机器工作，其使用不再局限于工业领域。可以说，瓦特为蒸汽机找到了一个更大的舞台。

瓦特发明了带有双向装置的气缸，原本是单向推动的活塞，改进成双向式的，大大提高了蒸汽机的利用效率。有人说，瓦特最厉害的地方不是借助了蒸汽将水壶盖顶上去的力，而是连壶盖落下来时产生的力（能量）也利用了进去。

瓦特与水壶故事的另一个版本：瓦特拿着勺子，放在壶口，观看水蒸气的冷凝过程。这个故事貌似比其他的版本更有说服力。

蒸汽机

18世纪的英国，蒸汽机是最红的明星，人们将它运用在采矿业、纺织业、机器制造业等行业上。蒸汽机的广泛应用，使得英国纺织业蓬勃发展，渐渐地，英国就成了世界的领先"富豪"。1807年，美国的富尔顿造了一艘船，与传统船只不一样的地方是，这只船是由蒸汽机作为动力推动前进的。1800年，一位英国的发明家构想出用蒸汽机推动车子前行的设计，此后受他的启发，1829年时，斯蒂芬森设计了一辆用蒸汽机驱动的车，可以带动30位乘客，以每小时46公里的速度行驶，这开启了铁路时代。

艰难的创业史

瓦特出生在英国，他的爸爸有自己的船只，是一个造船工人，他的妈妈是贵族家庭的女儿，但是瓦特的家庭算不上富裕。瓦特体弱多病，是一个药罐子，可药罐子也有药罐子的骄傲，瓦特满脑子有着无穷的想象力，厉害的是，他还拥有将脑子里的古怪想法变成现实的超强动手能力。

17岁时，瓦特家里情况不景气，他就出去打工，做学徒，在这期间他学到了很多关于机械方面的常识。21岁时瓦特获得了一个在大学内开店的资格，大学中的一位教授还与瓦特成了好朋友。1765年，瓦特的蒸汽机改良取得重大进展，这时他已经想到将冷凝器与气缸分开。在十几年里，瓦特将蒸汽机改造了一遍又一遍，将自己的设计一次又一次地推翻，甚至瓦特没钱时，还额外打了一份工，一干就是8年，以此来补充研究资金。终于在1776年，也就是瓦特40岁时，他改良的蒸汽机终于投入到市场中，他发明的双向式活塞蒸汽机还申请了专利。如果小朋友们对物理有一定了解的话，一定对功率单位不陌生，因为功率单位——瓦特，就是以瓦特的姓氏命名的。

小链接

有人问："蒸汽机这么好的东西，为什么英国没有把它垄断，不让别国学习到新技术呢？"实际上，英国确实曾禁止过蒸汽机的出口。但我们要知道，虽然可以阻止机器这种实体物品外传，却阻止不了知识理论的传播。

最后世界各国也陆陆续续地掌握了蒸汽机的技术，展开了轰轰烈烈的工业革命。

趣味小实验

想知道蒸汽是如何作为动力推动机器运转的吗？想知道如何做一个简易的蒸汽船吗？快来看看下面这个实验吧！如果你也感兴趣的话，不妨拿起材料，跟着实验步骤一起动手吧！

准备材料

铁皮盒（越轻越好）　小玻璃瓶　泡沫板　蜡烛　橡皮泥　吸管　双面胶　铁丝

1

1.拿出铁皮盒，用双面胶将泡沫板固定在铁皮盒的内底板上。

2

2.拿出小玻璃瓶往里面装上三分之一的水，盖上瓶盖，在瓶盖中间打个小孔，将吸管插入其中（吸管不要插入水中，让它保持悬空），最好不要留有空隙。如果没有瓶盖，可以用橡皮泥替代瓶盖的密封作用。

3.将准备好的铁丝拿出来,如图所示用铁丝环绕住小玻璃瓶,将其固定住。

4.把铁丝(铁丝上还固定了瓶子)直立地插入泡沫板中。再将蜡烛放在玻璃瓶底部的下方,保证蜡烛燃起的火焰可以烧到玻璃瓶。

5.将蜡烛点燃,玻璃瓶中的水会沸腾,无处可走的蒸汽只能从吸管中排出,这股蒸汽会推动铁皮盒前行。

瓦特的一生

- 1736年,瓦特出生。
- 1755年,瓦特外出求学。
- 1757年,瓦特在格拉斯哥大学工作。
- 1764年,瓦特开始从事有关蒸汽机改良的工作。
- 1776年,新型蒸汽机应用于实际。
- 1782年,双向式蒸汽机获得专利,并且瓦特还发明了一种标准单位:马力。
- 1785年,瓦特成为英国皇家学会会员。
- 1819年,瓦特去世。

化学界的"牛顿"——拉瓦锡

他是一个名副其实的贵族,钱多到毫不在乎化学实验材料的那点开支。他被誉为"近代化学之父"。他的死是悲壮的,刽子手虽然可以轻易地夺走他的生命,可像他这样的天才,却上百年再难诞生出另一个。他是谁?他就是拉瓦锡。

名人小档案

姓名:安托万-洛朗·德·拉瓦锡
国籍:法国
生卒:1743年8月26日—1794年5月8日
职业:化学家、生物学家
爱好:钱和化学
必杀技:爱情、事业、学业三丰收
成就:拉瓦锡使化学从定性转为定量,给氧与氢命名,预测硅的存在,他还发表了第一个现代化学元素表,写了一本化学教材《化学基础论》,并验证了质量守恒定律等

成功之路

拉瓦锡是一出生就在"罗马"的贵公子。他的爸爸是一位受人尊敬的律师,妈妈是一位贵族小姐。但在拉瓦锡5岁时,他的母亲就去世了,留给拉瓦锡的

是巨额财产。

拉瓦锡的父亲作为一名律师，当然很想让自己的儿子也就职法律行业，但拉瓦锡却对化学有十分浓厚的兴趣。拉瓦锡既按照父亲的安排学习了法律，也遵从内心致力于科学，因此他 20 岁时获得了法学学士学位，25 岁时成了法兰西科学院的院士，可以说是法律、科学两面"开花"。

虽然拉瓦锡很有钱，不愁吃喝，完全可以整天沉浸在科学的海洋里，但他还是找了一份兼职——他当上了征税官。拉瓦锡投给了征税局五十万法郎，顺理成章地承包了食盐和烟草的征税权。这下，他的钱更多了。

有了更多的钱，拉瓦锡更无所畏惧了，真正地开始了他的化学研究。要知道，化学研究在当时很费钱，如果居里夫人像拉瓦锡那样有大笔财产，或许她能更早地完成她的研究。回归正题，拉瓦锡搞来了各种实验材料和实验仪器，他发现化学就是一个巨大的宝库，它真正的价值并没有被世人完全挖掘。独乐乐不如众乐乐，为了让更多的人也能"玩"化学、学科学，拉瓦锡四处奔波，筹集研究资金，甚至不惜拿出个人财产，帮助同事完成实验研究。

化学界的老玩家

拉瓦锡是那种很有财力，还很努力的人。大学毕业后，他没有直接投入化学研究，而是先在地理界摸爬滚打了一阵。在此期间一次偶然的机会，他发现了生石膏到熟石膏的转变，学习化学的兴趣立刻倍增。

学术界有一种四元素的说法，说水可以转换成土。什么？这难道不是开玩笑吗？拉瓦锡半信半疑，展开了实验。他把蒸馏水密封加热了101天，发现水中确实有极其少量的固体出现，可他用天平一称，水的质量没有变，只是容器质量减少了，减少的质量恰好等于那些固体的质量，拉瓦尔便验证出这种言论是假的了。

学术界还有一种说法，叫燃素说。这个燃素是什么呢？当时人们认为，物质在空气里燃烧，这个物质会失去燃素，而空气会得到燃素，可金属燃烧后，却变得更重了，不是说会失去燃素吗，怎么会变重呢？没人能解释出来，于是他们开始瞎编各种理由，什么测量会出现误差，什么金属燃烧时燃素带有负质量。拉瓦锡不信，他决定自己探究一番。当时有一位化学家的实验引起了他的注意——蜡烛会在一种气体里燃烧得更加剧烈，他由此判断，这种气体是一种元素。他把这种气体命名为氧气，他还指出人的呼吸就是一种慢慢氧化的过程。经过一番探究后，拉瓦锡发表了《燃烧概论》，燃素说不攻自破，近代化学也慢慢走向正轨。

后来拉瓦锡发表了一个化学元素表，和现在中学生学习的门捷列夫元素周期表不一样，拉瓦锡的化学元素表里只有33种元素，其中还有一些是在当时被误以为是元素的化合物如氧化钙、二氧化硅等，而且光和热也被列入其中。

元素说

很久很久以前，人们认为元素是构成这个世界的物质，柏拉图认为世界有四大元素，分别是水、火、土、风。后来他的学生亚里士多德提出，还存在一种元素，叫作以太，是构成宇宙的物质。这种思想在西方持续了很多年。

而中国也有着关于元素的说法，那就是五行学说——金、木、水、火、土，这五种元素相生相克，构成世界万物。水可以生木，浇水就可以长出植物；木可以生火，钻木取火；火可以生土，火烧尽后会留下灰烬；土可以生金，金属就是在地底下发现的。

人们简单地认为这些元素的比例不一样，就可以造出不一样的东西。这些学说毕竟还是不准确的，它们最终还是被科学的理论替代了。

神仙伴侣

拉瓦锡娶了一位漂亮的女孩，这个女孩是他同事的女儿，叫玛丽。玛丽从小也是个没妈的苦命娃，母亲去世后，她便去了修道院，在那里受教育。婚后，玛丽成为拉瓦锡的左膀右臂。

看着天天沉浸在化学中的拉瓦锡，玛丽也很想跟上他的步伐。拉瓦锡见状，说："那咱们就一起做实验吧！"不合作不知道，一合作吓一跳，玛丽真是一位得力的助手啊！她用高超的语言能力，替拉瓦锡翻译了很多著名文献。因此，可以说拉瓦锡的成功中也有玛丽的一份功劳。

除此之外，玛丽还是大画家雅克－路易·大卫的徒弟。拉瓦锡书籍中的插图基本都是玛丽负责的。

拉瓦锡去世后，玛丽仍心系着丈夫生前的实验，完好地保存了拉瓦锡的实验记录，还撰写了关于拉瓦锡的回忆录。

这对神仙伴侣在人生和化学研究的道路上相互扶持，让许多人羡慕不已。

拉瓦锡之死

一场革命席卷而来，而这次遭殃的人就是我们的主角——拉瓦锡。故事还要从头说起。

早些年时，拉瓦锡风光无限，说话、做事都有着极高的分量。这时一个名叫马拉的青年写了一篇文章叫《燃烧论》，交到了拉瓦锡手上，请拉瓦锡指点指点。拉瓦锡一看，这是什么文章啊？！于是就否定了马拉的文章。然而，一颗仇恨的种子，却在马拉的心中发了芽。

后来革命爆发，好巧不巧的，马拉成了革命领袖。

当时人们看征税官不爽，再加上马拉从中作梗，拉瓦锡很快被定罪。金钱啊，实验仪器啊，通通被没收，拉瓦锡自己也上了断头台。

拉瓦锡真是痛苦："我的实验还没做完呢，就不能宽限两天吗？等我做完了实验，再抓我也不迟啊。"可没人理会他，他想着自己作为一个科学家，应该做到生命不息，实验不止。

关于拉瓦锡被斩首还有这样的故事。行刑前，拉瓦锡对刽子手说："我想知道人死之后还有没有知觉，你能帮我完成实验吗？"刽子手懵了："你都死了，怎么告诉我你有没有知觉呢？"拉瓦锡想了想，道："我被砍头后，你看看我眼睛还眨不眨，我若是眨了眼睛，就说明人死后还有知觉。"刽子手听罢，答应了拉瓦锡的请求。据说，行刑后，拉瓦锡的眼睛眨了十几下后，才闭上。当然这是一个无法验证的传说。但是，拉瓦锡在死前依旧对科学抱有验证的态度，却令人敬佩。

拉瓦锡大事年表

1743年，拉瓦锡出生。

1761年，拉瓦锡就读巴黎大学。

1771年，拉瓦锡结婚。

1777年，拉瓦锡命名氧，提出质量守恒定律，推翻"燃素说"。

1789年，拉瓦锡发表《化学基础论》。

1794年，拉瓦锡被斩首。

不是天才的天才——道尔顿

世界上不缺少天才,尤其是在科学界。他们有的天赋异禀,做个实验就能改变世界;有的从小成绩优异,完胜一众同龄人,年纪轻轻就成为科学巨星;还有的触类旁通,横跨几个学科都能达到顶级水平。18—19世纪的欧洲大陆上,有位科学家把前面提到的"天才表现"都在自己身上"打了钩",却偏偏不喜欢"天才"这个称呼——什么天才,我只是比旁人更努力罢了!他就是道尔顿。

名人小档案

姓名: 约翰·道尔顿　　**国籍:** 英国
生卒: 1766年9月6日—1844年7月27日
职业: 化学家、物理学家、气象学家
爱好: 气象观测
必杀技: 原子奥义
成就: 近代原子理论和道尔顿定律的提出者,第一位发现色盲现象的科学家,被誉为"近代化学之父"

请珍惜你的老师

许多科学家在科学研究之余还是人类灵魂的工程师,道尔顿也不例外。但与别人成名后才"传道、授业、解惑"不同,道尔顿是从教师这个职业闪亮登场的。

道尔顿自小家境贫寒,从村里的教会小学毕业后,他就辍学在家,帮忙干农活贴补家用。但他没有因此放弃学习,12岁时,就被推荐到乡村小学去任教。一个仅有小学文凭的人当老师,听起来是一件很疯狂的事,可道尔顿却这样做了,而且还坚持了足足21年。这期间,他从默默无闻的乡村教师一步步成长为曼彻斯特小有名气的专科学校教师,授课范围也从仅限皮毛的"什么都能教"逐渐聚焦于化学、物理、数学等具体学科,下到小学上至大学,都有他的学生。

看到这里,你也许会好奇,道尔顿究竟给学生们灌了什么"迷魂汤",能让他们口服心服地跟着他学习?答案很简单,那就是自学——不，确切地说是道尔顿强大的自学能力。每当遇到自己不熟悉的课程时，道尔顿总会煞费心力地刻苦钻研、系统研究，为此他先后自学了拉丁文、希腊文、数学、物理、化学、气象学、医学等知识，构建了属于自己的知识体系。后来，教师工作实在太忙了，为了专心科研事业，道尔顿才不得不辞职。

最能"吹"的科学家

道尔顿是个低调的手工制作达人。在实验室里，随处可见他的手工作品——这个温度计看上去略有不同，啊，这是道尔顿自己用玻璃管吹制的；那个气压计的造型真别致，哦，这也是道尔顿自己用玻璃管吹制的；这台就是传说中得出倍比定律的仪器……这是研究气体分压定律的，这是关于原子论的，这些……好的，它们都是道尔顿亲手做的。

你不要以为这满实验室的仪器是道尔顿的心血来潮，他也没想靠这种手工制作发家致富——他的时间十分宝贵，除了科学研究，他无暇顾及其他。而之所以要亲自动手，完全是因为——穷。但他从不介意处所的简陋和生活的清贫，毕竟跟大多数人相比，他的精神要富有很多。

眼前是红不是灰

大千世界，五光十色，可同一个世界在不同人的眼中却是不一样的——比如，道尔顿有一双明亮的蓝眼睛，所以他看什么都是蓝色的，而你有一双黑眼睛，所以……你可别当真！前面两件事其实互不成因果，那只是道尔顿对自己情况的猜测。虽然随着科学的进步，已经证明他的想法是错的，但道尔顿确实

是第一个发现色盲症这一现象的科学家。

据说道尔顿是在某次跟母亲和弟弟逛街时发现了他们兄弟俩的与众不同,进而对自己不辨颜色的现象产生了浓厚的研究兴趣。为此他还写了一篇《关于颜色视觉的特殊例子》的论文,这也是人类科学史上第一篇与色盲症相关的论文。后来,他还把自己的眼球捐献给了科研机构,希望能够解开色盲之谜。

虽然道尔顿猜中了开头却没猜中结局,但人们为了纪念他对色盲症这种多发于先天的遗传性颜色感觉障碍所作出的研究和贡献,还是以他的名字来命名这种现象,因此,色盲症又称道尔顿症。

单身的快乐你们不懂

道尔顿是个不折不扣的独居爱好者,他的人生中有一大半时间都享受着独自一人的隐居生活。他一日三餐都自己动手,在实验之余读书、散步,到了周四下午,他还会前往郊外,在草地上打曲棍球——如此悠闲的生活,有时会给人一种他不太努力的错觉。事实上道尔顿在那间借来的工作室和租住的民居中,一过就是20多年,完成了近代原子论和名著《化学哲理新体系》的撰写,他用实际行动向大家证明——没有人陪伴算啥?我的生活明明白白、井井有条!

一切从空气开始

从农家小院走出来的道尔顿深爱脚下的土地,也对看不见、摸不着的空气产生了浓厚的兴趣——为什么空气的冷热会影响气压?气温计和气压计都具有什么样的工作原理?怎么操作这两种仪器能得出一个相对准确的结果?

一个个问号就像一片片羽毛搔着道尔顿的心,让这个低调的行动主义者开始了一项浩大工程——记气象日记。他每天都会详细记录下当天的天气、气压和温度,这个习惯保持了50余年,直至他去世的前一天。

对空气的特殊情结促使道尔顿最先在气象研究领域发力,他的第一部科学著作《气象观测论文集》横空出世,为当时鲜有人涉足的气象学界注入了一股新鲜血液——其实那本书的销量并不太好。随着实验的深入,气象观测和气体研究给道尔顿的启发越来越多,于是他眉头一皱,发现事情并不简单——我好像能从这里同时推开物理和化学两个学科的大门——他从气体的性质入手,一点点为近代原子理论积累论证数据;从混合气体中,发现了气体分压定律……

在道尔顿眼中,空气可不是"小透明",而是货真价实的"灵感缪斯",是他从事科学研究的指路明灯。

曼彻斯特的"小骄傲"

英国的曼彻斯特市现在最出名的"特产"是享誉世界的曼联足球队，但在 200 多年前，曼彻斯特却是全球第一座工业化城市！整座城市就像一座在不停运转的大工厂。可就是这样一座在那时"忙得要命"的城市，只为了一个人的葬礼就全城"停摆"，4 万多人放下手里的活，纷纷去往市政厅，就为了见科学家道尔顿的最后一面。

虽说不是曼彻斯特的"本地人"，但这座城市给了道尔顿一片土壤，他就如白杨树一般把自己的根扎得又牢又深，再用一片茂密的树荫回馈这片土地——他参与创建了曼彻斯特大学理工学院（后来它与曼彻斯特维多利亚大学合并，成了现在的曼彻斯特大学，是世界一流高等学府，走出了 25 位诺贝尔奖获得者），他的大部分研究在这里完成，他为曼彻斯特、为英国、为世界的科学发展踩了一脚重重的油门。

在他去世以后，曼彻斯特市推选他为荣誉市民，给他铸了一座半身雕像放在市政厅中，还在曼彻斯特大学里设立了以他名字命名的奖学金。

手拿望远镜的少女
——王贞仪

新浪微博上曾有一个名叫"天文博物馆"的博主发了一条微博,图片内容是一个穿着古装的女子,手拿望远镜正在观察远方,这位博主配文道:"在外国明信片中看到这样一个手拿望远镜的女人,本以为是日本人,但居然是中国人。"

这条微博着实引起了许多网友的关注,有网友评论,希望有人可以写一本关于这个女人的小说;更有网友高度赞誉,简直像穿越来的!那么这个闻名国外,却很少为国人熟知的小姐姐是谁呢?她就是王贞仪!

名人小档案

姓名：王贞仪　　**字**：德卿
国籍：中国
生卒：1768—1797
职业：天文学家、算学家、文学家、医者
爱好：骑射
必杀技：观月术
成就：王贞仪将筹算方法进一步完善，并做出通俗的解释。她观测了月全食，坚持哥白尼的"日心说"，王贞仪还常常作诗、写文章，她对医学也有一定的涉猎

"谁言女儿不英雄"

"丈夫之志才子胸，谁言女儿不英雄。"王贞仪曾在诗中写下这样的句子。我们不难看出这位小姐姐对自己的定位：谁说女子比不过男子？我就要让世人看看，女子也可以有一番作为！

王贞仪出身书香门第，自幼受到良好的教育。她的父亲是一位学者，叫王锡琛，她的爷爷更是了不得，是一位太守，名叫王者辅。王家虽说是书香世家，但思想上却并不陈旧、迂腐，相反，王家的教育理念十分开明。王贞仪作为一介女子，也可以跟着家中长辈走南闯北。11岁那年，她从蒙古人那里学习了骑射，箭术达到了"发必中的"的程度。王锡琛精通医术，王贞仪受到父亲的熏陶，对医学方面的知识也有一定的了解。这一切看似普通，可在清朝，能够拥有这样的经历可不寻常。虽说那时正处于盛世，女子已经可以进入学堂学习知识，但她们仍有许多行为要受到封建社会礼仪的限制。

19岁时，王贞仪结束了跟随家人四处游历的生活，近十年丰富的生活经历和广阔的眼界为她的各项研究奠定了基础。爱看月亮的贞仪，阅读了大量关于月亮的书籍，明白了月食的全过程，并写下一篇《月食解》，图文并茂地向世人解释了月食究竟是如何发生的。

另外，王贞仪的数学是极好的，至少算数方面她称得上是位专家，小小年纪，就成为安徽数学学派的成员之一。王贞仪将复杂的筹算问题，深入浅出地讲解了出来，还在原先的基础上做了一些补充。

王贞仪的婚礼举行得有些晚，当然，才女嘛，总是以事业为先。25岁的贞仪与一位名叫詹枚的秀才成婚，然而好景不长，他俩结婚4年后，王贞仪因病去世，她留给世人的是许多未被整理的研究，目前我们能阅读到的只有很少一部分。

筹　算

大家听说过"筹算"这个古老的计算方法吗?在算珠出现之前,它一直都占据着很重要的位置。人们利用小木棍,通过不同的横、竖排列方式,可以进行四则运算、开方等演算。公元前四世纪,中国算学家还发明了十进制计数的方法。起初,筹算的材质是竹子一类的廉价材料,后来,出现了铁制筹算、玉制筹算,等等。

王贞仪研究的是英国数学家纳皮尔年在1612发明的筹算,而中国筹算早在春秋战国就出现了。

地圆少女

古时候,人们总以为天空是圆的,大地是方的。随着人们视野的不断扩大,科学家们更正了这一观点,承认地球的确是个圆球。可是,为什么人们站在球形的地球上却不会摔倒呢?

少女王贞仪给出了这样的解释:在一块广阔又平坦的土地上,小李看远处的老王是倾斜地站立着的,而老王看小李也同样是如此。因为人们都以自我为中心,假定自己才是垂直站立的那个人。殊不知,每个人头上都是天,脚踩的都是地,广阔的宇宙是没有上下之分的。王贞仪的这个观点难能可贵,超越了当时绝大多数人的思想水平。

我的特长是看月亮！

王贞仪与大部分的女孩子不同，她的兴趣爱好不是绣花、放风筝，而是天文学。贞仪11岁时，她的爷爷王者辅去世了，他留下的书籍中，天文类的最多，于是小贞仪在吉林居住的那5年时光中，阅读了大量的天文历算的书籍。当时天文历这门学问基本上属于绝学，很少有学者研究这方面的知识，所以想要获取准确、可信的第一手资料，只能靠自己。每晚王贞仪都会观察星空和月亮，长期的观察经验告诉她，古人记载的月食成因有误，她便开始自己推算，依靠灯光和镜子，成功地模拟出了月食的形成过程，而这时她年仅20岁。

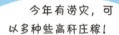

今年有涝灾，可以多种些高秆庄稼！

果然今年发生了涝灾。

你怎么知道今年有涝灾的呢？

因为我看见蚂蚁都成群结队往高地上走，所以我猜测今年应该会有涝灾。

为了纪念这位奇女子，国际天文学联合会以王贞仪的名字给金星上的一个陨石坑命名，美国媒体还为全球 33 位女科学家设计了卡通形象，这 33 位女科学家中就包括王贞仪。

她像是中国科学界一道流星，虽然出现时间短暂，但无疑照亮了当时人们闭塞的心灵。她不是悬于高空、独自闪耀的月亮，而是每家每户的池塘里、井口边、水盆中那轮月之倒影。让我们记住她的名字——王贞仪！

小链接

月食如何形成的？

月亮是地球的一颗天然卫星，会绕着地球做圆周运动，通俗来说就是月亮绕着地球转圈圈，而地球会绕着太阳转，所以有时它们三颗星球会处在同一条直线上，地球夹在太阳和月亮的中间，若恰好月亮全部走进地球的影子里，这时，就会出现月全食现象。

趣味小实验

如今，观察月全食对于我们现代人来说已经不是难题了，不过记录月全食时，还是需要掌握一些窍门的，那么接下来我们先了解一下月全食的过程有哪些阶段吧！

月全食的过程

1. 月食的第一个阶段——半影食始。此时的月亮与平时的月亮差别不大，但是细心的人一定发现了，这个阶段，月亮的亮度明显比平时要暗上许多。

2. 月食的第二个阶段初亏。这时，月亮与地球阴影第一次接触，看上去就好像是两个圆形相切。

3. 月食的第三个阶段——食既。此时，月亮与地球的影子第一次内切。

4. 月食的第四个阶段——食甚。这时，月球的中心与地球影子的中心最近。

5. 月食的第五个阶段——生光。这时，原本被遮盖的月亮会露出月全食后的第一道光线。

6. 月食的倒数第二个阶段——复圆。月亮在此过程中逐渐离开地球的影子，在完全离开的一瞬间，我们可以看到两个外切圆。

7. 月食的最后一个阶段——半影食终。这时，我们可以看到一个完整的月亮重现天边。

月食观察记录表

观察日期：（　　）年（　）月（　）日　天气：（　）观察者：（　　）

了解月食的基本知识后，我们就可以自己记录月全食了。不过，前提是我们足够幸运，可以欣赏到月全食。

准备材料

一张白纸，一支铅笔，圆规，有条件的小伙伴们可以准备望远镜或者相机。

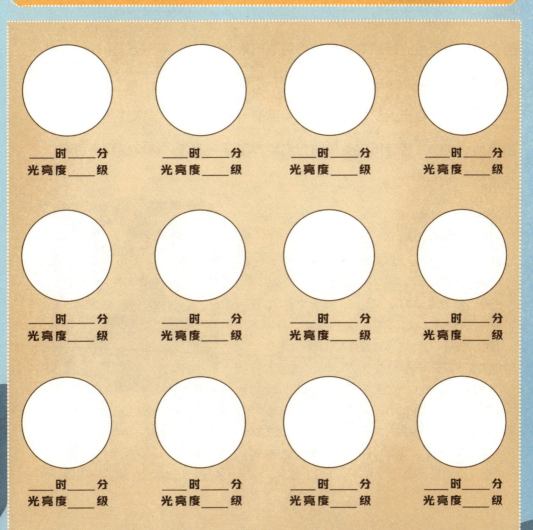

___时___分
光亮度___级

___时___分
光亮度___级

___时___分
光亮度___级

___时___分
光亮度___级

___时___分
光亮度___级

___时___分
光亮度___级

___时___分
光亮度___级

___时___分
光亮度___级

___时___分
光亮度___级

___时___分
光亮度___级

___时___分
光亮度___级

___时___分
光亮度___级

数学王子——高斯

如果你问我，"学数学有什么用？"，那么实在不好意思，我答不上来，但是我可以告诉你，没有学数学会怎么样。这就好比说，你问我"圆是什么"，没有学数学的我会告诉你："看到了吗？天上的月亮就是圆的。"但那真的准确吗？月亮有圆有缺，还有盲人是看不见月亮的，那他们怎么才能知道圆长啥样呢？如果我学过数学，那我可以准确地回答你："圆是一个平面上到一个定点的距离为定值的所有点的集合。"数学不仅仅是在计算时才会用到，可以说，数学无处不在，无时不在。

今天我们要走近的就是一个数学家的一生，这个数学家就是大名鼎鼎的高斯！他的生活经历完美地向我们诠释了什么叫作"数学虐我千百遍，我待数学如初恋"。

牛人小档案

姓名：约翰·卡尔·弗里德里克·高斯

国籍：德国

生卒：1777年4月30日—1855年2月23日

职业：数学家、天文学家、物理学家

爱好：做题　　　　**必杀技**：算神附体术

成就：高斯在18岁时发现了质数分布定理和最小二乘法，后来他对曲线产生了兴趣，做出了正态分布曲线。19岁的高斯仅靠一把尺子和圆规就做出了正十七边形。长大后的他计算出了谷神星的运行轨道，并出版了自己的书籍《算术研究》……被称作"数学王子"的高斯，在电磁和大地测量等方面也有着杰出的贡献。

崭露头角

高斯出生在一个贫困家庭,他的爸爸干着园丁和建筑工人的工作,他的妈妈给有钱人家做佣人。虽然出身寒微,但这一点也不妨碍高斯成为一个优秀的数学天才。

当高斯只有3岁时,他就已经展现出与众不同的一面。高斯的爸爸是一位建筑工地的工人,平时做工之余,还负责帮助发放工人们的工资。又到了发工资的日子,高斯也跟了去。工人加班是要付费的,加上他们平时的工资,应该是……爸爸算着,在一旁玩耍的高斯看了一眼老爸的算术,弱弱地说道:"爸爸,这个地方你好像算错了哟。"爸爸根本没上心。可回过头再次计算时,高斯爸爸发现,刚刚儿子指出的数据果然有误!他惊讶不已。

"算神"高斯

高斯在课堂上的表现一如既往的优秀。不过这一次高斯低调不了了。老师在班上出了一道题目:从1加到100等于多少?题目一出来,同学们纷纷动笔计算,而此时只有1个人呆呆的,一动也不动,死死地盯着黑板上的数字,没错!这个人就是高斯。

老师也觉得奇怪,便问:"小高同学,怎么啦,不会做吗?"高斯回

答道:"我在想有没有更简单的方式得到这个答案。"许久,有些同学已经算出来了,有说是5000的,有说是5100,有说是5001的,各种答案都有,教室里吵成一团,老师默不作声。

这时高斯大声说道:"我知道了!答案是5050!"老师兴奋地鼓掌:"没错,就是5050!来,你说说,你是怎么算出来的?"高斯说:"我觉得一个个数字相加实在太麻烦了,我发现1到100数列的两头可以一一配对,这样就可以得到50对,每一对的和都是101,这样算起来就简单多了。"

高斯真不愧是天才。

小链接

高斯采用的这个计算方法,我们称之为数列求和。数列求和是指对按照根据一定规律排列的数进行求和。常见的数列求和方法有公式法、错位相减法、分组法等。到了高中,大家就会接触到这些知识,向高斯学习吧。

对不起老师，是我太笨了

年少时的高斯还干过一件让人震惊的事，这件事要从学校老师留的作业说起。老师给高斯布置了三道数学题，回到家后，高斯开始与数学题玩耍起来，前两道题高斯手到擒来，很快便做好了。到了第三题，数学题却给了高斯一"巴掌"，高斯被这题给难住了——"要求用尺规画正十七边形"。苦思冥想一晚上后，高斯不负众望地做了出来，还送了老师一个"礼包"——证明了具有哪些特点的正多边形是可以用尺规画出来的。

第二天，高斯委屈巴巴向老师说道："老师，我太笨了，这三道题我花了一晚才做出来，我愧对于您的教诲啊！"

老师非常疑惑："什么三道题？是我记错了吗？我明明只给你布置了两道题啊！"

高斯听到这话也蒙了："难道我记错了？"于是高斯把作业拿了出来，老师定睛一看，发现自己把一道古希腊时流传下来的千古难题，错夹在了高斯的作业中。

老师心里想：这是千古难题，孩子是做不出这种级别的数学题的。于是他仔细地查看了高斯的答案，顿时惊住了，原来这道流传了2000多年的世纪难题（连牛顿和阿基米德都没做出来）被高斯给做出来了！还只花了一个晚上！

接着他又看到了高斯给他的"礼包"，这时老师就已经明白，这个孩子的未来已经不是他能预测的了。

谷神星，万物皆数学

20岁时，高斯已小有成就，当时，《算术研究》已经写好，即将出版。在高斯准备写第二部《算术研究》时，浩渺的星空吸引了他的眼球。这一天，他忽然脑洞大开：为什么不去研究研究天文呢？

差不多同一时间,天文学界观测到了一颗全新的行星,可问题是,这颗行星实在太"调皮"了,似乎不愿意被人捕捉到自己的轨迹。这一点让天文学家们着实苦恼。

就在天文学家们纠结哪一颗才是神秘行星的时候,"数学王子"高斯来了,他热情地投入到了天文学的怀抱。天文学家们则抱着怀疑的态度,让高斯姑且一试。

高斯仅凭借着天文学家们的三次观测记录,不眠不休地计算着这个神秘行星的运动轨迹,算出答案后,喜欢赠人"礼包"的高斯还告知了这颗行星下次出现的时间。果不其然,这位调皮的行星就像和高斯约好了似的,在对应的时间内准时出现了。高斯再一次用行动让质疑者闭嘴。

什么是谷神星?

谷神星被发现的时间是1801年,是由意大利人皮亚齐发现的。它是太阳系中最小的,也是唯一位于小行星带(介于火星与木星的轨道之间,小行星数量多达50万颗)的矮行星。

趣味小实验

你有没有十分佩服高斯的数学才能？想知道高斯具体是如何计算出 1 到 100 的加法吗？那就赶快一起做下面的实验吧！只需要带上笔和纸就可以啦。

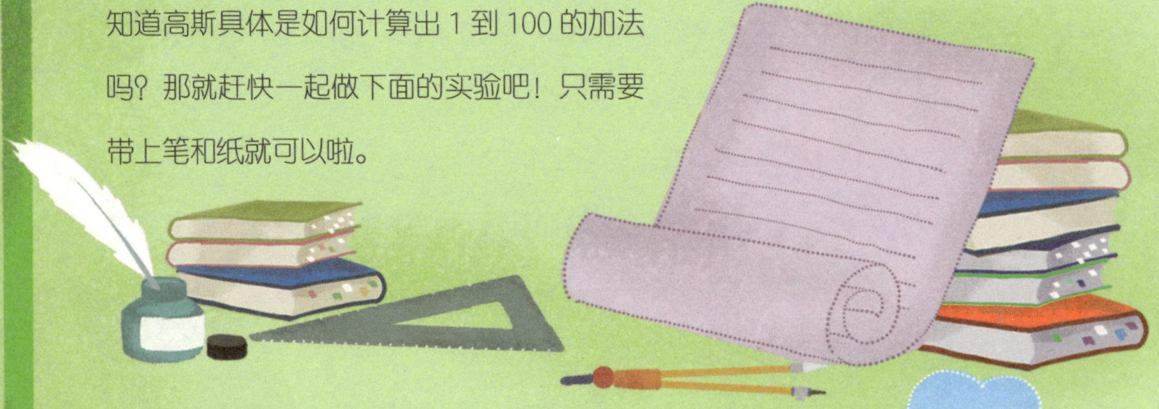

1 在纸上写上 1+2+3+4+5……+96+97+98+99+100，观察它们的模样与规律。

1+2+3+4+5+6+7+8+9+10+11+12+13+14+15+16+17+…………+95+96+97+98+99+100=?

2

1+100=101
2+99=101
⋮

经过观察

我们可以发现：

1 与 100 配对会得到 101，
2 与 99 配对会得到 101，
3 与 98 配对也会得到 101
……

3

依照刚刚的步骤，一一配对，我们会得到1+100、2+99、3+98、4+97……48+53、49+52、50+51，以上1加到100的所有数列就排列完毕了。

1+100=101
2+99=101
3+98=101
4+97=101
5+96=101
……

4

50个101
50×101=5050

我们不难发现，这50组数据相加，结果都等于101。那么这就好办了，我们只要将50个101相加就能得出最终答案啦，这时，请运用我们的乘法运算：50×101=5050。

高斯的一生

- 1777年，高斯出生。
- 1796年，高斯成为第一个用尺规画出正十七边形的人。
- 1801年，高斯预测谷神星的位置，并计算出其运行轨道。
- 1805年，高斯与第一任妻子结婚。
- 1818—1826年，高斯从事大地测量工作。
- 1830年，高斯与另一位物理学家——韦伯，推动了电磁学的研究，为电报的诞生奠定基础。
- 1840年，高斯与韦伯画出了世界第一张地球磁场图。
- 1855年，高斯去世。

一"名"惊人
奥斯特

18～19世纪，有一群物理学家用他们的发现改变了世界，一点点推动变革的车轮向前驶去。为了纪念这些物理学家的卓越贡献，人们用他们的名字命名与其相关的物理学单位，奥斯特就是其中之一。可为什么独说他一"名"惊人呢？大概是因为他的名字出现的频率有点儿高吧。

名人小档案

姓名：汉斯·克里斯蒂安·奥斯特　　**国籍**：丹麦
生卒：1777年8月14日—1851年3月9日
职业：物理学家、化学家　　**爱好**：作诗
必杀技：一己之力扛起整个19世纪的物理界
成就：最大的贡献是发现了电流的磁效应，开辟了物理研究的电磁学领域。此外，他还在化学、哲学、演说、科普教育等方面为后世留下了许多宝贵财富

学霸不只是人设

奥斯特从小在一个药剂师家庭中长大，早早显露了他非凡的学习天赋。相比调配那些散发着奇怪味道的汤剂，他更喜思考生活中人们还不能解释的

17岁　　22岁　　29岁　　43岁　　52岁　名校校长

自然现象的成因。我们要感谢那时奥斯特毅然决然地投身科学事业的决心，不然我们可能会失去一位伟大的物理学家。不过，以他坚韧不拔的刻苦钻研劲儿，即使不成为物理学家，说不定也会成为一位医术精湛的医师横空出世的。

这位货真价实的学霸有怎样的辉煌战绩呢？看一下他的履历表，你就知道了——

17 岁成为哥本哈根大学的学生。

22 岁获得哥本哈根大学博士学位。

29 岁任哥本哈根大学物理学、化学教授。

43 岁达成世界级物理发现成就——电流的磁效应。

52 岁出任哥本哈根综合工科学校的校长。

家喻户晓的"奥斯特"

"奥斯特"是丹麦一个比较普通的姓氏，而汉斯·克里斯蒂安·奥斯特却凭一己之力让它在世界范围内家喻户晓，从他发现电流磁效应到20世纪40年代，这个名字出现的频率极高。这可不是奥斯特本人太过高调，而是因为他的名气实在太大啦！

因为他的发现为其他物理学家开拓了思路，打开了"新世界的大门"，所以，在奥斯特的重大发现以论文的形式面世后不久，一批批物理研究发现陆续涌现，比如安培提出了安培定律、阿拉果完成了圆盘实验、韦伯发明了电流表……这一项项研究都是站在奥斯特这个"巨人"的肩膀上实现的，也难怪这些彪炳史册的物理学家对奥斯特心怀敬仰了。后人将他的论文整理成集，出版了《奥斯特科学论文》一书。

除了出版界,其他领域也能见到他的身影。丹麦自然科学促进学会和美国物理教师协会均设立了"奥斯特奖章",表彰在物理研究领域做出贡献的科学家;在奥斯特去世83年后,CGS单位制中的磁场强度单位也以他的名字命名,简称"奥"。

差点儿就点亮其他技能

除了物理学这个奥斯特驾轻就熟的领域,旺盛的好奇心还让他在其他领域发光发热。在发现电流磁效应的第五年,奥斯特成为世界上第一个提炼出金属铝的人。不过,或许是"术业有专攻"制约了他的技术,他提炼出来的铝的纯度并不高,所以在两年之后,当化学家韦勒分离出纯度更高的铝后,人们自然而然地将那个世界第一的头衔赋予了韦勒。

已经处于人生巅峰的奥斯特没有气馁,而是回归老本行,并重新投入了一项又一项新的研究中。在他生命的最后几年中,物质的抗磁性成为他立志要攻克的难题。而在同一时期的英国,迈克尔·法拉第也做着相同的研究,并最终使"抗磁性"这个词正式出现在文献中。

虽然这两项技能没有被成功点亮,但奥斯特的研究所产生的影响还是十分深远的。

我爱实验，"实验爱我"

如果你仔细观察奥斯特的画像和照片，一定会觉得他是个严肃又很难相处的人——这都要怪他在相片中"抢戏"的眉毛，不是像麻花一样扭在一起，仿佛被打了死结，就是像两条被雨打湿的咸鱼一样软趴趴地垂着，让他整个人都透着一股纠结的怨气。而实际上，奥斯特是个充满激情和热忱的人，即使被实验"折磨"得废寝忘食而略显邋遢，也能随时用他炯炯有神、好寻根问底的大眼睛散发迷人的光彩。

他在大学任教期间，是学校里最受欢迎的老师。这不仅是因为他年轻有为、风度翩翩，还得益于他不墨守成规的授课风格。他不喜欢枯燥地照本宣科，更没有一

些科学家身上"两耳不闻窗外事"的学究气，在他看来，所有科学研究都应该从实验开始。也正因如此，他的课堂往往人满为患，也对学生们提出了更高的身体素质的要求——堂课四五个小时，要有钢铁般的身体才能从头到尾坚持住啊！

那些在常人看来冷冰冰的实验器材，让奥斯特非常着迷。1820年，在一场普通得不能再普通的讲座中，他现场演示了电流磁效应的实验。一根小磁针的摆动没有引起现场观众的注意，却让这位醉心实验的科学家激动得脚下一滑，当场摔了一跤。这一跤让不少观众乐弯了腰，可再看台上那位出丑的当事人，他的脸上丝毫没有尴尬的影子，开心得就像万圣节拿了很多糖果的孩子。仅仅3个月后，当许多人对那场讲座的印象只剩下有个科学家摔了一跤时，奥斯特已经发表论文，正式向世界宣告了电流磁效应的发现。

后来，在奥斯特的倡议下，丹麦出现了越来越多的物理实验室，为普通人了解、认识自然科学创造了更多可能性。

挚友是小美人鱼的"爸爸"

奥斯特有位后来同样享誉世界的朋友——汉斯·克里斯蒂安·安徒生，而在他们成为挚友之前，奥斯特是安徒生大学入学考试的主考官，那时的奥斯特已经因为自己的伟大发现而誉满全球了。虽然有28岁的年龄差，身份也相差悬殊，但这并不妨碍两个志同道合的朋友间的交往。

安徒生几乎每周都应邀前往奥斯特的家中做客，圣诞节时，他还会帮助奥斯特和他的家人们装点圣诞树。他们谈论人生、理想，也谈论艺术在科学中的作用、科学进步给人类带来的福祉。

在安徒生写给奥斯特的信中，曾亲切地称对方为"大汉斯·克里斯蒂安"，自己为"小汉斯·克里斯蒂安"，姓名相近的两个人还有着相似的人生观和价

值观，这让他们在交流中促进了各自的事业发展——奥斯特开始尝试创作诗歌和散文，还发表了自己的组诗作品；而安徒生则在出版了自己的第一部小说后，经奥斯特的建议，慢慢向童话作家的方向努力。可以说，是亦师亦友的奥斯特慧眼识珠，首先给予当时还在摸索阶段的安徒生鼓励和勇气，令这个又瘦又高的年轻人颇为感慨地说出了这样的话："奥斯特大概是我最热爱的一个人。"后来，事业小有成就的安徒生在自己的童话作品《两兄弟》中，把奥斯特当成了创作原型，也许是对奥斯特太过熟悉，他用寥寥几笔就将痛恨迷信、崇尚科学与理智的哥哥的形象刻画得入木三分。

再要好的朋友间也不可能没有分歧。奥斯特和安徒生就曾在诗歌表现与科学事实的关系上有过不同意见，他们对迷信行为能不能出现在艺术作品中的看法也不一样，但这些并没有阻碍两人友情的发展，直至奥斯特去世之后，安徒生也依旧是奥斯特家的座上宾，还与他的亲人们保持着很好的关系，这段成就彼此的友谊也一直为人们所称道。

这块磁铁带点电

来自奥斯特的信

亲爱的来自未来的小朋友们：

有人说，物理研究是少数人的专利，我不同意这个说法。很多深奥的定理，是能从实验中理解、领悟的。比如我所研究的电流与磁场之间的千丝万缕的关系，通过一个小小的实验就可以证明。

准备材料

一卷导线

铁钉

电池

一根长铁钉、一卷导线（最好是单芯塑料绝缘皮细导线）、一节1号或者5号电池、一堆回形针、一把小刀。

回形针　　小刀

为了证明电流周围有磁场，而且磁场的方向跟电流有关，奥斯特曾经用电池、导线和磁针做过这样一个实验：

他通过变换电池正负极方向的形式观察磁针摆动的变化，最终完成了自己那篇享誉世界的论文。而今天，我们要在奥斯特实验的基础上更进一步，来制作一块电磁铁。

1. 取一根铁钉，将导线按照一致的方向紧密地缠绕在铁钉上面，并固定住。

2. 用小刀把导线两端的绝缘皮轻轻刮掉。

3. 将电池的正极和负极分别与导线的两端相连。

4. 用铁钉的两端靠近回形针堆,观察所产生的现象。

5. 将导线与电池分离,观察所产生的现象。

奥斯特小课堂

我们将通电后产生电磁的装置称为电磁铁。和传统的磁铁不同,电磁铁在断电后磁性往往会立即消失。

注意:

1. 你要准备的导线不能用铁丝代替。

2. 导线两端要留长一点,比较方便连接电池。

3. 实验结束后要将电池和铁钉分开,不然过热的电池会造成安全隐患。

豌豆上的生物学家——孟德尔

豌豆可以用来做什么呢？厨师可能会想着怎么烹制它会更好吃；游戏玩家可能会想着它们能抵挡住几波僵尸的进攻；皇后却用它来检测公主是不是真的……而有位修道士却与众不同，他将豌豆玩出了新花样，用它建立了遗传学理论的重要基石之一，这个人就是格雷戈尔·孟德尔。孟德尔将自己用心种植的豌豆比作他的孩子，这些"孩子"也没有让他失望，最终让孟德尔成为著名的生物学家。

名人小档案

姓名：格雷戈尔·孟德尔　　**国籍**：奥地利
生卒：1822年7月20日—1884年1月6日
职业：修道士、生物学家　　**爱好**：种豌豆
必杀技：种豌豆
成就：在理论上，发现了遗传学三大基本定律中的两个，分别是分离定律和自由组合定律；发表论文《植物杂交试验》，被人们称为"现代遗传学之父"

他和他的倔强

孟德尔出生在奥地利的一个平民家庭，父母都是园艺工作者。小时候，孟德尔喜欢跟着父母去别人的牧场、花园里干活。孟德尔一边玩着泥巴，一边问问题："为什么向日葵的花瓣是黄色的？为什么玫瑰是红色的？"可父母无法给他答案。

孟德尔带着对生命的好奇上学了。然而他遇到了求学路上的第一个坎儿——穷。父亲因意外不幸受伤而丧失劳动能力，孟德尔的家境从普通变为贫穷，家人不得不卖地供孟德尔读书。

之后他又遇到了求学路上的第二个坎儿——病。上学期间，孟德尔曾因重病而长期休学。

尽管孟德尔已经很努力了，他最终还是因为贫病交加的现实，没能把学业进行下去。

坎坎坷坷的"园丁"路

辍学后，走投无路的孟德尔来到了当地的圣托马斯修道院，成了一名修道士。孟德尔被派到一所初中教自然科学，并且成为那所学校人气超高的老师之一。学生说孟德尔讲课生动有趣、知识丰富，上他的课总有种意犹未尽的感觉。

当老师可比当修道士有趣多了！孟德尔信心倍增，决定当一名真正的老师。孟德尔几乎没有复习，非常自信地就去参加维也纳教师统一考试。历史经验告诉我们，考试成绩往往跟考生的准备情况相关，"裸考"是不会有好结果的，除非运气特别好。运气向来不好的孟德尔当然没有通过那次考试。

在修道院的支持下，孟德尔去了维也纳大学进修，就像现在的旁听生一样。从小就知道学习不易的孟德尔开始疯狂学习，生物、物理、数学还有很多其他学科，能蹭到的课他都蹭。

经过两年的准备，孟德尔考个"教师证"应该没问题了吧？不，没有这么顺利。孟德尔竟然因为一个植物学知识，在考试时和考官吵了起来。就这样，孟德尔的教师考试在时隔两年后又一次失败了，他只好再次回到了修道院。

与科学同行

孟德尔在维也纳大学学习的时候，曾做过科学家多普勒的助教。多普勒是一位发现了声波效应的伟大科学家。当一辆火车向我们开来的时候，听到的声音比它到你身边时高；离去时的声音比在你身边时低，这就是著名的"多普勒效应"。这个效应应用广泛，我们现在用的彩超仪的工作原理就来自于它。

修道士变身种田家

回到修道院的孟德尔，决定用实验证明自己关于遗传学的看法。他利用自己小时候和父母一起做农活的经验，在修道院开辟了一片田地。他从众多植物种类中，经过细致的挑选后选择了豌豆。选择豌豆不仅是因为它好养活，而且是因为它会开花，结成的粒状果实也便于计数和观察。他先是用了两年的时间通过反复种豆得到了优良的豌豆种子，然后才开始了漫长的种豆生涯。当别人在研究物理的时候，他在种豆；当别人在研究神学的时候，他还在种豆；当别人在研究化学的时候，他依然在种豆。就这样，他种了8个春夏秋冬，在前前后后种了大约30000株豌豆后，他得出了遗传学上的两大定律——分离定律和自由组合定律。

孟德尔的遗传因子假说

为了解释豌豆杂交的遗传现象，孟德尔从生殖细胞着眼，提出了遗传因子假说。他推想生物个体的所有性状都是由遗传因子控制的，这些因子从亲本到子代，代代相传；有显性和隐性之分，决定一对相对性状的显性因子和隐性因子，叫做等位因子；在体细胞中遗传因子是成对存在的，其中一个来自父本，一个来自母本；在形成配子时，成对的遗传因子彼此分开，因此在性细胞中，它们则是成单存在的；在杂交子一代细胞中，成对的遗传因子各自独立，彼此保持纯一的状态；由杂种形成的不同类型的配子数目相等；雌雄配子的结合是随机的，有同等的结合机会。

迟来的荣耀

有了重大发现的孟德尔拿着自己的研究成果，兴致高昂地来到了布鲁恩自然科学学会。在讲台上，他慷慨激昂地讲述着自己的研究成果，台下的听众被他那庞大而又详细的数据绕得云里雾里，他们仿佛听懂了一些但又觉得不明所以。台下的听众渐渐表现得不耐烦起来，面对这种情况，孟德尔开始变得有些手足无措。他的声音弱了下去，飞扬的神采变得颓唐，缓缓地走下了讲台。

孟德尔舍不得放弃自己8年的研究成果，他将自己的试验数据复印了几十份发给了当地有威望的科学家，结果都石沉大海。孟德尔将试验数据整理成

《植物杂交试验》论文，以为发表后会引发学术界的惊涛骇浪，但却没有掀起一点儿浪花。面对这样的情况，孟德尔依然继续着自己的植物杂交试验，他又种了紫罗兰、玉米和茉莉花等，得出的数据更加证明了自己理论的正确性。

对于惜时的科学家来说，时间就像是搭载着超速火箭一样过得飞快。年老的孟德尔对老友自信地说："我的时代要来了。"让人遗憾的是孟德尔没有等到属于他的时代，带着遗憾和希望离开了人世。孟德尔逝世十多年后，人们终于认识到了孟德尔所做的试验的伟大意义。

孟德尔时代到来

进入 20 世纪后，科学家们对遗传学的研究进入了瓶颈期。有一天，他们发现了孟德尔的试验成果，就这样，新的遗传学的大门被打开了。孟德尔遗传学理论开始在各个时代活跃，他是超越时代的遗传学天才。

种一棵豌豆

孟德尔用种豌豆的方式打开了遗传学的大门，让我们也通过种豌豆走进门后的世界吧！

准备材料：土、小喷壶、瓶子、花盆、小木棍、几粒豌豆的种子

种豆步骤

1

1. 将豌豆的种子放进冷水里浸泡。

2. 浸泡在水中的种子长出小芽后便可拿出。

3

3. 将土放进花盆里，注意不要把土压得太紧实。把发芽的豌豆种子埋进花盆3～5厘米深处的土中。

④

4. 埋好后就可以浇水了，第一次浇水要将花盆中的土全部浸湿。

⑤

5. 等待种子发芽。豌豆芽从土壤中钻出来，等它长到20厘米左右的时候就可以在它旁边插一根小木棍。

豌豆成长日记

我在（　）年（　）月（　）日，种下了豌豆。 **发芽**

豌豆长高啦！它在（　）月（　）日长到了（　）厘米高。 **长高**

豌豆在（　）月（　）日长出了花骨朵儿！ **花骨朵儿**

豌豆在（　）月（　）日开花啦！ **开花**

豌豆在（　）月（　）日长豆荚啦！ **结果**

豌豆在（　）月（　）日成熟啦！ **成熟**

爆炸"狂人"诺贝尔

今天要说的这位科学家,对炸药有着疯狂的迷恋。他虽然只接受过小学教育,但却拥有300多项专利,白手起家建立了上百个公司,有钱任性的他,把自己大部分的遗产都奉献给了科学事业,一生未娶,但对所爱之人有情有义。说起他的名字,那真是无人不知无人不晓,他就是诺贝尔。

名人小档案

姓名:阿尔弗雷德·贝恩哈德·诺贝尔　　**国籍**:瑞典
生卒:1833年10月21日—1896年12月10日
爱好:文学　　**必杀技**:爆炸术
职业:发明家、军火商、业余文学家、工程师
成就:诺贝尔是一个不折不扣的青年创业者,白手起家成立许多公司,一生中最大的成就是发明了炸药。此外,诺贝尔还将他的遗产用作科学基金,设立了诺贝尔奖

"爆炸就是艺术!"

说起爆炸,诺贝尔的家族对此颇有研究。诺贝尔的父亲曾在俄国专门研究炸药——"鱼雷",后来诺贝尔也开始接手这份事业。虽然诺贝尔在校时

间很短，但他化学学得相当好，16岁时，他在生活的村庄附近就已经大名鼎鼎了。可是俄国的学习环境远远满足不了他对知识的渴求，于是他先后远赴法国、美国学习，21岁回到俄国，在老爸的工厂里打起了下手。不过好景不长，老爸的工厂破产了，之后诺贝尔就带着他的弟弟回家乡瑞典搞起了自己的小事业。

诺贝尔研究制造的是硝酸甘油炸药（虽然炸药早已被发明，可是安全性却不高）。要知道，研究炸药就是在与死神捉迷藏，一个数据出现错误，就有可能把命搭进去。幸运之神不可能永远眷顾诺贝尔一家。1864年的一天，诺贝尔的弟弟在一场爆炸中失去了生命，诺贝尔的父亲受不了小儿子死亡的事实，突发脑溢血，导

致全身瘫痪。当地政府知道这件事后，便禁止诺贝尔再搞他的炸药实验了。诺贝尔背负着理想未成与失去亲人的痛苦，仍秘密继续坚持安全炸药的研究实验，只是他的实验场地搬到了马拉仑湖上的一条船上。好在命运之神没有给他当头一棒，在1867年的秋天，诺贝尔终于研制成功更为安全的硅藻土炸药，并为它的发明申请了专利。

专利是什么？

专利是指发明者对自己创作的作品有着绝对的保护权利，如果有人想使用他的发明，必须经过他的同意授权，才合理合法。

业内标杆——诺贝尔奖

诺贝尔奖的名声似乎比诺贝尔本人的事迹还要更闻名，这个被业内誉为标杆的奖项就是由诺贝尔创立的。

诺贝尔奖一共设有6个奖项——诺贝尔物理学奖、诺贝尔化学奖、诺贝尔文学奖、诺贝尔生理学或医学奖、诺贝尔和平奖、诺贝尔经济学奖。关于诺贝尔奖为什么没有数学奖，民间流传着各种版本。有人说是因为诺贝尔的老婆被一个数学家拐跑了，实际上，诺贝尔打了一辈子的光棍。后来的版本改成了诺贝尔的情人和某位数学家在一起了，诺贝尔吃醋了便不设立数学奖，但是据研究表明，诺贝尔的前任们没有一位与数学家有联系，所以这个流言也不攻自破了。后人们猜想，有可能是诺贝尔并没有考虑到数学在各个学科领域中的重要性，并且在当时数学领域已经有许多权威奖项，并不缺诺贝尔奖一个，所以没有设立。

诺贝尔奖会颁发一枚金质奖章，奖章上镌刻有诺贝尔的浮雕头像，奖金是以瑞典的货币瑞典克朗颁发的。2017 年，诺贝尔基金会将奖金提高为 900 万瑞典克朗，相当于人民币 740 万元。

诺贝尔奖设立之初，获奖最多的是德国科学家，但第二次世界大战爆发后，美国涌入大量优秀的科学家，此后，诺贝尔奖基本被美、英等国家包揽了。截至 2017 年，美国已经有 356 枚奖牌了，而我们中国只有 2 枚奖牌。不过，诺贝尔奖没啥"时效性"，表彰的很多是几十年前的科技成果，照近年来的情况看，几十年后也许还会有中国科学家获奖。

资深实业者 & 业余小说家

诺贝尔在成功研制炸药后成立了自己的公司，还将他的事业扩展到了德国境内。创业时期虽然也遇到了瓶颈，好在他又研制了硝化甘油炸药，为公司提供了一个崭新的平台。1867 年，他还与父亲一同获得了亚斯特奖，名利双收。此时的诺贝尔又把目标转向了石油行业，1878 年他又成立了诺贝尔兄弟石油公司。到了 1890 年，诺贝尔移居意大利，并创立研究所。

在员工面前，诺贝尔是一个说一不二的大老板，可是人后，却是英国诗人雪莱的崇拜者。这样的反差萌，让人不爱不行啊。早在诺贝尔还是少年时，他就有着极大的文学兴趣，最初只是写写诗歌和剧本，晚年时便开始写小说，《在最明亮的非洲》《姊妹们》等都是他的作品，可惜在他所有的创作中，唯一出版的只有一本《复仇的女神》。

爱情就是起起落落落落落

诺贝尔年轻时曾爱恋过一个法国姑娘,后来这个法国姑娘不幸去世了。

诺贝尔干成一番事业后,又遇见一位才华横溢的女子,名叫贝尔塔,有传言说,诺贝尔设立诺贝尔和平奖,是因为贝尔塔致力于和平事业。果然像诺贝尔这种有情有义的男子,就算娶不到自己心爱的女人也要给她发个奖啊!

度过了无数个漆黑又孤寂的夜晚后,诺贝尔在一次旅行中遇见了一个卖花的女子。你以为诺贝尔的悲惨的爱情历程终于要画上句号了吗?不,并没有。

1833年　　　1841年　　　1842年　　　1850年

 ← 诺贝尔出生

诺贝尔接受小学教育

 诺贝尔移居俄国，辍学在家学习

诺贝尔远赴海外留学

诺贝尔开始研究硝化甘油炸药

1860年

这个卖花女名叫索菲，长得清纯可人，却十分有心机。这个女人将自己贫困的身世吐露给诺贝尔，以博取他的同情，之后便以诺贝尔夫人自居，与上流社会的土豪们勾搭，在商场里疯狂购物消费。单纯的诺贝尔虽然不在索菲的身边，却给了她大笔的钱财并雇人照顾她的起居。在这 18 年间，是诺贝尔单纯的爱维持着他俩的关系。后来因一件事让诺贝尔彻底对索菲失望，但还是写信安慰她，并给她足够多的钱财养老。诺贝尔一辈子未婚未娶，只爱过 3 个女人。

诺贝尔获得硝化甘油炸药的专利

1863年

诺贝尔弟弟在一场爆炸中身亡

1864年

诺贝尔获得亚斯特奖

1867年

诺贝尔去世，终年63岁

诺贝尔设立诺贝尔奖

诺贝尔成立石油公司

1896年　　　1895年　　　1878年

超级发明家爱迪生

作者：MO

1931年10月的一天，美国各大报纸铺天盖地地传递着一个消息，爱迪生去世了，一个传奇大师的人生落幕了。他曾经被评选为美国历史上最伟大的人之一，是名副其实的发明大王，留下了上千项发明专利！爱迪生是如此受人爱戴，葬礼中，有5万多人陆续前去凭吊。当时，美国总统进行全国广播，告诉人们在同一时刻关灯，悼念这位点亮黑夜的人。

爱迪生的发明改变了世界，就让我们一起来看看这位发明家的故事吧！

名人小档案

姓名：托马斯·阿尔瓦·爱迪生　　**国籍**：美国
生卒：1847年2月11日—1931年10月18日
职业：发明家、企业家　　**爱好**：工作
必杀技：搞发明
成就：他拥有超过2000项发明，其中留声机、电灯、电力系统和有声电影是最有名的

自学能力"爆表"的少年

12岁的时候，爱迪生就开始工作了。在轰隆行驶的火车上，充满精神头的爱迪生辛勤地卖着报纸。他很早就不上学了，事实上，他只在学校待了3个月。难道这位大发明家小时候讨厌学习吗？这么想可就大错特错了，他对知识的渴望就像饿了两天的人看到一顿丰盛的豪华大餐。他一有时间就跑去图书馆，读了好多书，从书中开始了解关于这个世界的种种奥秘。

小时候的爱迪生有点顽皮，因为他对任何事物都充满好奇，脑子里盘旋着好多问题。

有一天,爱迪生跑到鹅舍里,像一只大白鹅一样趴到了一堆鹅蛋上,他想要孵出小鹅来。

家里的地下室是他的秘密基地,因为他把那里改造成了一个实验室。里面摆着小工具、小器械和各种瓶瓶罐罐。他跑去打零工,也是为了挣点钱来贴补自己搞研究。

爱迪生小时候,世界上还没有电话呢,如果要给远方的人发消息,最快的方式是发电报。距离很遥远的电报机可以通过导线互相发送信息。电报不能直接发文字,而是发送一种由点和线构成的摩斯电码,电报员可以把那些看上去莫名其妙的图案翻译成文字,这一切看上去多么神奇。爱迪生对电报很是着迷,干脆自学起来,在自己的实验室研究摩斯电码、摆弄电报机,很快就掌握了其中的诀窍。

再长大一点,爱迪生找到了一份真正的工作,当了电报员。一开始他很喜欢这份工作,还会和朋友互相用电报机发送莎士比亚的戏剧。更重要的是,工作的地方简直就是他的大学。这里有很多电器、很多线路,爱迪生在工作之余研究了电学的知识。

神奇的发明

干了几年处理电报的工作,爱迪生开始觉得无聊了。他揣上钱,一个人离开家跑去了大城市纽约。他有个简单又远大的梦想——当个发明家!

他工作起来相当卖力,长时间睡眠不足,一觉睡到自然醒对他来说简直是一种奢侈。没过多长时间,他就开始注册发明专利了。因为他在工作中发现有的机器不够好,他有让机器更好用的妙点子。他还搞出了自动发报机、同时向好几个地方发电报的多路电报机等新发明。如果是个普通人,有这些成就已经很牛了,但是对爱迪生来说,一切才刚刚开始呢!

1876年,爱迪生和他找来的几位伙伴来到了一个叫西门洛帕克的小城镇。在一个不高的山坡上，一个真正的实验室建好了。这个实验室比爱迪生小时候的地下室可大多了，有三四间教室那么大。他的伙伴们也都是专业人才，在这里，爱迪生开始了做自己最喜欢干的事儿，那就是一天到晚搞发明！

在西门洛帕克，爱迪生用了不到一年时间就做出了一件改变世界的大发明。在夏季的一天，他突发奇想，尝试着把声音记录下来。他把探针和麦克风连起来，探针下面放了一条铝箔。说话的时候，探针把声音的纹路刻到了铝箔上。把铝箔拉回来，让声音的纹路重新经过探针，扬声器就放出了声音。最后，他和同伴把一台完整的机器做了出来，这就是世界上第一台留声机！爱迪生唱了一首童谣，"玛丽有一只小羊，羊毛白得像雪一样……"，这就是世界上第一首声音被录下来的作品。

报纸报道了爱迪生的新发明，立刻就引起了轰动。人们从四面八方跑来爱迪生的实验室，想要参观这种能把声音记录下来的神奇机器。爱迪生立刻就成了全美国人都知道的名人，他还给总统录了音。如今，用留声机的人已经不多了，但是在很长的时间里，人们只能用留声机和录好的唱片在家里听音乐，他们都得对爱迪生说一声"谢谢"。

把黑夜照亮

功成名就的爱迪生可没有停下脚步，他早就想解决一个问题，那就是做出普通家庭都能使用的电灯。当时已经有电灯了，其中一种是弧光灯，灯光太亮了，很伤眼睛，根本没办法放在屋子里，就算安在外头，路过下面的人都要遮一下眼睛。还有一种电灯，灯光倒是不刺眼，但是只亮一小会儿就坏掉，压根没法用，除了做实验没人想买这种浪费钱的东西。

爱迪生先是跟报纸"吹了个牛"，说过不了几个月就能用好电灯把纽约的

一小片城区给照亮。那些有钱的投资人知道了这个消息，认为这是赚大钱的好机会，赶紧给爱迪生投资搞研究。

实际上，改良电灯的工作非常艰难，爱迪生没能按照当初说的时间拿出成果。在实验室里，爱迪生和伙伴们接连不断地失败。到后来，不少对爱迪生充满期待的人都有点烦了。有人干脆讽刺爱迪生，说他太天真了，好用的电灯是不可能搞出来的。

爱迪生很不开心，但是实验还一直进行着，他们实验了上千种材料来做电灯的灯丝。终于有一天，爱迪生用了一种碳化的棉线丝。灯泡亮了起来，下班后，实验室里的人就都走了。往常实验的电灯亮不了多久就会灭掉。没想到的是，第二天他们回到实验室的时候，灯泡还在亮着，总共亮了13个小时，这是前所未有的。13个小时还远远不够，但爱迪生已经找到了新思路。最后，他找到了一种竹丝，用碳化竹丝做的新灯泡亮了1000多个小时，这下终于成功了！

爱迪生邀请人们前来参观，报纸也放出了消息。一天夜晚，火车载着从全国各地赶来的人目睹了盛况。爱迪生的实验室被几十盏新型电灯照亮，灯火辉煌，在夜幕下就像宫殿一样壮观。

新型电灯做好了，1881年爱迪生回到纽约成立了一家公司，他最终想要实现的，是让普通人家只要轻轻打开开关屋子就能被照亮。发电站、输电线、电表这些一样也不能缺，爱迪生还要做的是一整套输电系统。紧张又忙碌的工作又开始了，一些富人纷纷邀请爱迪生为他们的豪宅安装发电机和线路，爱迪生也要兑现当年他"吹的牛"。终于，在1882年，一片街区被上百盏电灯照亮了。

经历失败又怎样

爱迪生成了百万富翁，但是他感兴趣的还是搞发明。他建起了更大的实验室，投身自己最爱的工作。不过，几年后，他遇到了一次大危机。他做的输电系统用的是直流电，当交流电（我们今天家庭和工厂用的便是交流电）开始推广的时候，他拒绝改用交流电。这个错误最后导致他被所在的公司除名了。

爱迪生的电力事业一落千丈，但他依旧斗志满满，转而去开矿。当时美国的一些好铁矿已经被开采得差不多了，为了给国家提供铁矿石，爱迪生研制出一种采矿机器，可以很好地开采品质不太好的铁矿。这份工作前后进行了七八年，有几年的时间他直接住在矿区里。这是一份艰辛又充满意义的工作，可最后爱迪生还是失败了，美国又发现了大片新的富矿。

又是一次大的失败，但爱迪生并不为此太过烦恼。回到纽约，爱迪生继续着他热爱的发明工作。录唱片、做灯泡、制作电影胶片……他的公司蓬勃发展，围绕着实验室，一栋栋新建筑拔地而起。更多产品进入人们的生活，很多人写信给爱迪生，感谢他给人们带来的便利。然而，1914年12月，一场大火几乎将爱迪生的公司摧毁殆尽。面对满地废墟，爱迪生是怎么说的？"我虽然已经是个67岁的人了，但第二天会重新开始。"

爱迪生一直工作到79岁，这在普通人看来是难以想象的。他充满精力和斗志，成为发明家的代表，是美国的英雄人物。不仅是当时的美国人，就是今天的人们只要一想到发明家，很自然地就会想到爱迪生。他是把发明作为日常工作的人，毫无疑问，他是个天才，而且是个仿佛永不疲惫的天才。

趣味实验

做一个点亮灯泡的实验吧！不过我们要自己制作电池哟！原理其实很简单。

准备材料

一个LED小灯泡、4个新鲜的大土豆、4块锌片、4块铜片、8根导线、窄胶带

1

把导线两端的塑料皮去掉，露出里面的金属导线，像图中那样把每个金属片都连上一根导线，然用胶带固定好。为了粘得更牢，你可以把金属导线的一端弯成圆圈，金属导线一定要紧贴金属片。

2

把一片连好导线的铜片和一片连接好导线的锌片插进一个土豆里，铜片是土豆电池的正极，锌片是负极。其他土豆也这样处理。

3

把4个土豆电池连起来，正极与负极相连——铜片上的导线与锌片上的导线相连。

4

把串联好的土豆电池与LED小灯泡连接起来。第一个土豆电池正极的导线连接LED灯的正极——较长的那根金属线，最后一个土豆电池负极的导线连接LED灯泡的负极——较短的那根金属线。这样就做好了！

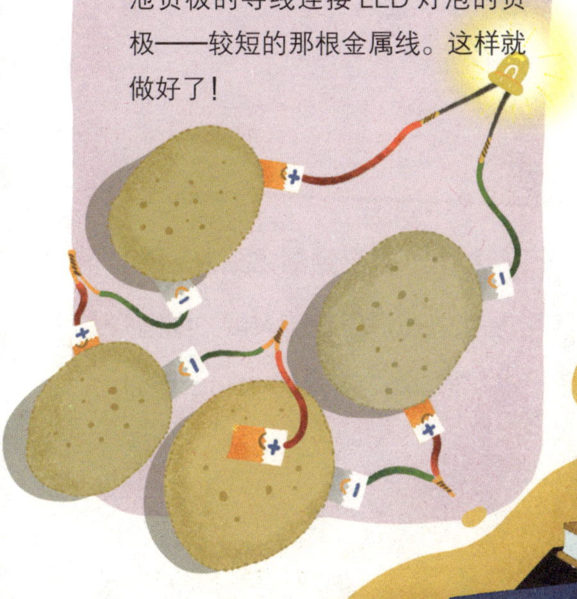

原理

土豆中有酸性溶液，当铜片和锌片插进土豆中，电路连通后，锌片会失去电子，电子流向铜片，电池就运作起来了！整个电路中有了微弱的电流，最终把小灯泡点亮了。

别出声，巴甫洛夫很忙

在世界科学史中，能将"勤奋""努力"这样的标签贴在身上的科学家不在少数，而有一个人却对此不屑一顾。他只是在默默地把自己的生命一点点奉献给科学事业后，云淡风轻地说："科学需要人的全部生命。"这位"闷声做大事"的科学家就是人称"生理学之父"的巴甫洛夫。

名人小档案

姓名：伊万·彼德罗维奇·巴甫洛夫　　**国籍**：俄国
生卒：1849年9月26日—1936年2月27日
职业：生理学家、心理学家（他本人不太承认这项职业）、医生
爱好：健身、工作、训学生　　**必杀技**：废寝忘食
成就：条件反射学说的创立者，高级神经活动学说的创立者，最早获得诺贝尔生理学或医学奖的科学家（简单来说，就是"两创一最"）

缘分，妙不可言

总给人严肃甚至刻板印象的巴甫洛夫大概把所有的浪漫"细胞"都留给了他钟爱的科学事业，

他与科学充满命运意味的两次"相遇",彻底改变了他的一生。

巴甫洛夫的父亲是一位牧师,按照他为子女们规划的未来,作为大儿子的巴甫洛夫,应该是接替他工作的不二人选。可计划赶不上变化,已经进入教会神学院读书的巴甫洛夫在读了达尔文的《物种起源》之后,居然成为进化论的坚定支持者,并开始质疑他们全家人的信仰。他毅然决然地拒绝了父亲让他成为神父的要求,以21岁的"高龄"考取了圣彼得堡大学,学习自然科学。第一次与科学的邂逅,让人类历史的长河中多了一位严谨努力的生理学先驱。

那时的俄国正在经历改革,大学里思潮涌动,随处可见一言不合就要辩论得面红耳赤的学生。所以进了大学的巴甫洛夫也没闲着,一下子就投身到了辩论活动中,差点儿就要与科学事业失之交臂。直到大三时,教授带他进入实验室学习,巴甫洛夫才将全部心思收回来,都扑在了生理学的研究中。随后他接连攻读了硕士和博士学位,针对胰腺神经和心脏神经的研究论文为他赢得了学校的金质奖章和奖学金。第二次与科学的邂逅,为巴甫洛夫指明了后来学习与研究的方向。

给我你的"零件"看看

在很多人眼中，巴甫洛夫是个倔强的"怪人"——毕业后，明明有待遇丰厚的实验室邀请他去做助理实验员，他却不去，非要往环境艰苦的"火坑"里跳，生活拮据到每天只能吃食堂里的免费面包度日。而他所做的这一切努力，无非是想成为率先揭开人体神经系统神秘面纱的人。

对生理学的研究离不开实验，军事医学院兽医生理实验室的工作经历让巴甫洛夫最先把"魔爪"伸向了他最为熟悉的"汪星人"（指小狗）。为了验证神经系统对心脏的影响，他煞费苦心地给进行实验的"汪星人"制作了一套类似体外循环的实验设施，把关于心脏和神经的实验做了个遍，却没得出什么有意义的成果。后来，他转而研究消化系统，将"汪星人"身上的消化器官都找出来仔细观察了一番，微小到细胞也没放过，最后写出了一本《主要消化腺机能讲义》，让世界记住了他的名字。

随着实验的不断深入，巴甫洛夫对"汪星人"的要求也开始"吹毛求疵"起来。他不但要研究它们的看得见的身体"零件"，连看不见的精神"零件"也不放过。当他发现它们不好好吃饭还大流口水时，不禁十分生气，可转念间他就灵光一闪，在"汪星人"的腮帮子上扎了一个小孔，从它的唾液腺上引出了一根小管子，后来还通过摇铃、口哨、节拍器等对其进行外部"刺激"，最终得出了著名的条件反射理论。

硬核导师

在巴甫洛夫闻名世界之后，不少怀揣崇拜之情的学生慕名而去，想要投身到他的门下，为全人类的生理学研究出一份力。可是理想有多丰满，现实就有多骨感，他们对巴甫洛夫的严厉略有耳闻，却没想到他原来如此"硬核"。

为了取得更加准确的数据，一个实验往往需要经历漫长的观察过程。即使不再亲自动手做实验，巴甫洛夫也会一丝不苟地给学生们制定研究课题，监督他们的实验过程，并逐字逐句地审核他们研究论文。他对学生们的耐心可不及对待实验动物，一旦发现一项哪怕芝麻大的错误，他都会勃然大怒，吹胡子瞪眼地把学生们骂得狗血喷头。如果没有一颗"强心脏"，是很难在他身边学习的。偶尔有实在坚持不住想要离开的学生，巴甫洛夫也绝不会松口——得把工作完成了才行，至于我的脾气嘛——习惯了就好了。

　　在巴甫洛夫日复一日的严格要求下，更多的学生还是坚持了下来，同时还在暗中较劲——谁今天又被老师表扬了？谁今天跟老师多说了几句话？谁跟老师的关系好一点……

朋友，你爱健身吗

你一定想象不到这位蜚声全球的著名科学家其实还是一位体操健将。他接触体操的时间很长，那些你上去都费劲的单杠、双杠、吊环器械，在他看来不过是小菜一碟——人家还能在上面翻飞腾挪，可见他功底之深厚。他的锻炼既不是心血来潮，也不是花拳绣腿，即使在研究十分紧张的时候，他也要每周抽出时间"让自己的肌肉兴奋起来"，或许这也是他曾经被选为体操爱好者协会会长的原因。

跟其他只把运动当成休闲活动的科学家不一样，巴甫洛夫是个实打实的健身达人。游泳、跑步、划船、滑雪、骑自行车……几乎当下热门的体育项目他都十分擅长，因此也练就了"一口气上五楼都不喘粗气"的好身体。70岁时，他还能骑行几十公里去旅行，到了80岁，负重散步他也面不改色。毫不夸张地说，他是健身界生理学研究得最好的人，也是生理学界身材管理做得最棒的人。

俗话说，要想身体棒，"三分动，七分吃"。因此，巴甫洛夫对饮食的营养与搭配也十分看重。条件允许的情况下，他每天都要吃点儿黑面包、喝点儿大麦粥和牛奶，牛瘦肉、雏鸡、鱼这些富含蛋白质的食物也是他饭桌上的常见菜，同时辅以西红柿、洋白菜、土豆、甜菜来补充维生素。他每天都要按时定量地吃饭，绝不会出现暴饮暴食的情况。现在我们流行的"健身餐""营养餐"，他在几十年前就做过了！

身体的强健让巴甫洛夫在工作时精力充沛，而他也时常把健身的好处讲给自己的朋友和学生——想让大脑更好地工作吗？健身了解一下。

巴甫洛夫很忙，巴甫洛夫正在死亡

巴甫洛夫是出了名的工作狂。他热爱科学事业，并且对自己有近乎严苛的要求。现在的医生进行手术时，通常都会用到一定剂量的抗生素，以达到杀菌消炎的目的，而在那个抗生素没有被普及的年代，手术中出现感染是常有的事。巴甫洛夫的实验室却从未出现一例感染事件，他的动物们也从未在外科手术中死去。正因如此，人类第一次得以直接观察到心脏的活动——它被从一条条血管中拨开来看时，仍在蓬勃跳动。

在创造了一项又一项人类历史之后，巴甫洛夫仍然没有满足。他把自己的日程排得满满的，大到一年间要完成的论文、研究，小到一个小时里需要检测的实验数据，直到他去世前几天，他还在制订年度工作计划。

不过，人的生老病死终究是有自然规律的，毕生致力于研究"生"的理论的巴甫洛夫当然明白这一点，所以他更加尊重死亡，更加珍视仅此一次的生命。他在人世的最后一个实验对象是自己，而最后一项工作，就是如实记录自己即将到来的死亡状态。为此，他每天都会进行自我观察，并向医生描述自己的感受，同时嘱咐他们："如果谁给我打电话，就告诉他们，巴甫洛夫很忙，巴甫洛夫正在死亡。"这之后没多久，他便将自己的生命奉献给了他挚爱的科学事业。

创造条件建反射

来自巴甫洛夫的信

亲爱的来自未来的小朋友们：

在我诸多研究中，最广为人知的就是条件反射理论。它其实是在一个很偶然的情况下被发现的。

条件反射是指在一定条件下，外界刺激与有机体反应之间建立起来的暂时神经联系。具体表现为：两样本来没有任何联系的东西，因为长期一起出现，后来，当其中一样东西出现的时候，我们便无可避免地联想到另外一样东西。

想要验证条件反射的存在，你可以让你的宠物帮你完成下面的实验。

准备材料

① 食物　② 铃铛　③ 节拍器　④ 哨子

准备一些家中宠物喜欢吃的食物、铃铛、节拍器（用手代替也行）、哨子（用口哨代替也行）

实验步骤：

1. 在给宠物喂食前先发出一个信号，比如——

摇铃铛

吹哨子

2. 一段时间以后，观察宠物在听到摇铃铛、吹哨子、打节拍之后的反应。

过了一段时间之后……

如果你们家没有宠物，那就要学习巴甫洛夫的献身精神了——先把自己最爱的食物列个清单，然后验证一下，自己会不会在想到它们的时候就流口水呢？

巴甫洛夫小课堂

条件反射是后天形成的，我们常说的"望梅止渴""一朝被蛇咬，十年怕井绳"都是条件反射的表现。

化学元素迷——居里夫人

作者：其扬

居里夫人毫无疑问是化学研究领域中的翘楚、物理研究领域的巨擘。她是第一位获得过两次诺贝尔奖的女性，是冲锋在世界大战前沿的女英雄，是一位痴心钻研、淡泊名利的科学家。她曾是美国独立女性心中的精神领袖，是世界杰出女性的代表。玛丽·居里，一个巾帼不让须眉的强人，今天就让我们走近她的人生。

名人小档案

姓名：玛丽·居里　　**出生地**：华沙　　**国籍**：法国籍波兰裔
居住地：法国巴黎
生卒：1867年11月7日—1934年7月4日
职业：物理学家、化学家、教师
爱好：学习　　**必杀技**：镭射线
成就：发现新元素镭与钋，在放射性研究方面做出巨大贡献，获得诺贝尔物理学奖和诺贝尔化学奖

看我的放射光线

居里夫人出生在波兰华沙的一个教育世家，在她十岁时，她的姐姐和妈妈都相继离她而去。玛丽虽然失去了亲人，但她却变得更加坚强。她努力学习功课，24岁时进入大学教书，在那儿，她遇见了她的爱人，也是与她一起进行科学研究的伙伴——皮埃尔·居里。

有一天，物理科学家亨利·贝克勒尔在机缘巧合之下，将一小块铀放到了密封的感光片上，并顺手将它们塞进了书桌抽屉里。奇怪的事情发生了。第二天，当他打开抽屉时，他发现这块感光片曾暴露在强光之下，抽屉是密封的，没有光线进入啊。百思不得其解的亨利最终锁定了"嫌疑人"——铀。铀是不是在放射某种未知的射线呢？这个想法在亨利的小脑瓜里一闪而过，但是亨利就干脆让它从脑袋中闪过去了，并没有将这个发现继续探索下去。

这时居里夫人闪亮登场了，她接手了亨利没有进行下去的实验，开始对这个神秘射线进行研究。这些射线看不见、摸不着，这给居里夫人出了个难题。好在，居里夫人的丈夫是一个好帮手，皮埃尔为居里夫人设计了一台机器，这台机器可以精准地测量出射线的强度，任何材料放出的射线都逃不过它的法眼，皮埃尔给它取名：静电计。相爱相助的居里夫妇的爱情着实让旁人羡慕。

既然铀能够放射射线，那么应该还有一些元素也有这样的能力，只是人们还没有发现。居里夫人抱着这样的想法，整天与各种金属、矿石、复合物做伴。这时，居里夫人就已经慢慢走向成功之路了，她给物理学这一全新的领域取了一个名字，这种现象叫作辐射。

1903年，诺贝尔奖委员会决定只将荣誉颁发给亨利与皮埃尔。当时的人们有着严重的性别歧视，他们并没有将玛丽·居里放在眼里！皮埃尔义正词严地说，如果玛丽·居里不能与他共享这份荣誉，那么他也绝对不会接受这份奖励！最终诺贝尔奖委员会拗不过皮埃尔，将诺贝尔物理学奖颁发给他们三人。但居里夫妇的身体由于常年接触放射性物质而每况愈下。

皮埃尔

小链接

静电计

居里夫人的丈夫皮埃尔利用石英晶体制作了当时世界上最灵敏的静电计。只需要将实验材料放在两个金属片之间，再用一个金属罩子将器材与材料罩住、密封，这样，经过一系列物理反应之后，就会有一小股电流流向静电计装置，这时，静电计就可以测量产生了多少电流。就这样，居里夫人利用静电计顺利地开展她的试验，可以说居里夫人的成功与皮埃尔是分不开的。

嘿！这是两种新元素！

一天，居里夫人正在测试一个叫作沥青铀矿的东西时，发现它具有非常强的辐射性，因此居里夫人认定，这个沥青铀矿复合物中，一定有一种全新的元素。但想要知道究竟是什么元素实在是太困难了。沥青铀矿由许多不同的元素组成，就像是一个装着不同颜色的巧克力豆的袋子，想要分离不同颜色的巧克力豆很容易，但想要从沥青铀矿中把不同的元素分离开，却没有那么简单。

居里夫人首先从 100 克的沥青铀矿开始做试验，她需要把这些岩石捣碎，这可是个体力活，只有把岩石捣碎成粉末状，她才可以继续实验。居里夫人向粉末中倒入硝酸液体，将元素分离出来，可上帝好像故意捉弄她似的，她分离出来的新元素实在太少太少，远远没有达到可以进行下一步实验的量。

于是她只好找来更多的铀矿，500 克不够，5000 克不够，500000 克还是不够！不管如何，倔强的玛丽·居里不把这个新元素的真面目揭开，她是不会罢休的！终于当实验材料成吨时，她终于成功了，她发现了元素钋，在发现钋的同时，她还发现了另一种新元素！经过了四年夜以继日的试验，居里夫人成功分离并提纯了这种新元素,并给它命名为镭。

这一实验研究成果惊动了世人!假如你穿越到那个年代,你甚至可以买到含镭牙膏、含镭喉片,啊呀,你不要吓一跳,不是你的打开方式不对,而是那个时候大家都疯狂迷恋着镭元素。现在看来,这真是无异于自杀行为。

1906年的一个雨天,居里夫人的丈夫皮埃尔被一辆马车撞倒,头骨被碾碎,当场身亡。居里夫人忍受着失去爱人的痛苦,独自继续完成她的工作。

不可否认,居里夫人的付出是巨大的,她为化学领域做出的贡献是无法磨灭的。1911年,她获得了她人生中的第二块诺贝尔奖章:诺贝尔化学奖。

成也镭，败也镭

当时人们就已经发现镭在医学领域里可以大展拳脚，甚至一小块镭就可以打跑"肿瘤君"，只要将一小剂量的镭非常小心地放在肿瘤的表面，镭就可以像奥特曼打怪兽一样，将肿瘤消灭。在法国，人们将这种治疗方法称作居里疗法。当然科学是一把双刃剑，镭不仅可以救人，还可以杀人于无形。如果你没有招待好它，随意使用，镭就会化身为邪恶的忍者，暗中将你的寿命折去。再告诉你一个秘密，它可是原子弹制作联盟的成员之一！你可别小瞧它的威力哟。

不幸的是，居里夫人的骨髓细胞在长时间的辐射中受到了损伤，患上了白血病，她的"孩子"——镭，既成就了居里夫人，也是杀死居里夫人的凶手。法国政府为了纪念居里夫人，给予了她国葬的殊荣，她也成为第一位入葬先贤祠的女性。

战地女天使

不久之后，第一次世界大战爆发了，德国向法国宣战，战场上每天都有数不清的战士中弹，流血身亡，当时法国军队只有一个X射线站，是远远解决不了伤员问题的。居里夫人二话没说，放下了她的实验，接着就以百米冲刺的速度直奔战场，将自己的研究运用到治疗伤员上。她做了一道巧妙的加法题，将固定的X射线设备，与活动方便的车辆相结合，这样就可以随时随地使用X射线机了。

X射线可以对患者的骨骼进行成像，但当时只有少数医院才有X射线设备这样的高级医疗工具。你想想，马上就要吐血身亡的伤员哪里还有精力跑去医院抢救啊！而"X光汽车"解决了这一问题，让更多的战士可以及时得到治疗。此外，居里夫人还将这门手艺教给战地的医生、护士，瞬间收获了大堆的崇拜者。她的大女儿伊雷娜也来到战地，并且及时补上了她父亲皮埃尔的助手之位。

1918年，第一次世界大战终于结束了，居里夫人已经为无数受伤的战士提供了治疗帮助，果然当科学得以为大众服务时，它才真正成为一门有用的学问。也许对居里夫人来说，这才是能使她嘴角上扬的事吧。

被诺贝尔奖"宠幸"的家族

居里夫人是科学界的一股清流。颁发诺贝尔奖时，居里夫人没有亲自去领奖，因为这会打乱她的实验节奏。居里夫人还将奖章送给自己的女儿玩耍。战争期间，居里夫人急切地希望帮助到自己国家，她曾经想将诺贝尔奖章捐给政府，但被拒绝了，于是她拿出了诺贝尔奖的奖金用于战事。爱因斯坦称居里夫人是唯一一个没有被盛名所累的人。

居里家族还是一个神奇的家族，他们家族中的5个人共获得了6项诺贝尔奖，她的大女儿伊雷娜与其丈夫拿下了1935年的诺贝尔化学奖，成为最年轻的诺贝尔化学奖得主。她的小女儿艾芙的丈夫获得了诺贝尔和平奖。居里家族还帮助许多中国留学生考取博士学位，为中国培养了很多科学人才。

居里夫人的成就不是偶然的，伟人总是有相同的品质，居里夫人坚强、坚持、坚定，她拥有严谨的科研精神，数十年如一日，从未有一天松懈。我相信，拥有这样的品质，不论当初她是否有幸获得研究放射性课题的机会，她都会成功的。

多元化人生的魏格纳

生活中有这样一群人,他们风华正茂,有不止一种身份和职业,能同时涉足多个领域,而且都做得有声有色。因此,他们在自我介绍时,经常会用斜杠来区分自己的身份,比如"作家/厨师",人们就把他们称为"斜杠青年"。100多年前,当跨界还不怎么流行之时,有个充满冒险精神的年轻人就用丰富的人生经历给自己画上了几道"斜杠",这个年轻人就是魏格纳。

名人小档案

姓名: 阿尔弗雷德·魏格纳   **国籍:** 德国
生卒: 1880年11月1日—1930年11月
职业: 气象学家、大气热力学家、地质学家、探险家、军人
爱好: 冒险   **必杀技:** "拼"出一个新世界
成就: 创立了大陆漂移说。同时期驾驶热气球连续飞行时间最长的世界纪录保持者。第一个用气球测量预测天气的人

不想当地质学家的气象学家不是好科学家

大家熟知的魏格纳是一位顶级的地质学家,可实际上,地质研究只是他众多"跨界事业"中发展得最好的一项。他的本职工作是德国一家海洋气象台的气象部主任。别看两门专业"天差地别",魏格纳却能凭借自己的本领将两种身份完美消化,无缝切换,成为当时名副其实的"跨界之王"——你以为他要定位小行星的位置,做一个天文研究员时,人家坐着热气球去观云海、测数据了;你以为他要安分守己地在研究所里计算数值时,人家跑到战场去当兵了;你以为他要开始军旅生涯,投笔从戎时,人家跑到图书馆里为震惊世界的大发现找资料去了;你以为他会因为自己发表的学说被众人嘲笑得放弃考察时,他又加入探险队去南极"深度游"了……可以说,只有你想不到的,没有魏格纳跨不了的界。

胆大心细的拼图爱好者

怎样证明一堆被撕得乱七八糟的报纸碎片其实来自同一张报纸呢?最简单的办法就是把它们拼起来——只要边缘的文字能对上,即使拼得不那么美观也算完成了任务。我们暂且把这种"小儿科"的证明方法称为"拼图证明法"。100多年前魏格纳提出的大陆漂移说就是

由这个拼图证明法推演而来的。

1910 年的一天，抱病在家的魏格纳百无聊赖地躺在床上，他东瞅瞅、西看看，慢慢将目光聚集在了一幅世界地图上。接着，他做了一件更"无聊"的事，用眼睛为地图上的非洲大陆和南美洲大陆拼拼图——他仔细观察了巴西海岸的每一个突出和非洲西岸的每一个凹入，居然真的把隔着一个大西洋的两块大陆给"拼"到了一起！这个胆大心细的年轻人当即就灵光一闪，然后随手丢开那张地图。用他自己的话说，他并不觉得自己那时的发现有什么意义。

其实在他之前，有很多拼图爱好者都发现了这两块大陆之间的秘密，其中

最著名的就是高喊着"知识就是力量"的培根。可是他们都没有深究为什么两块隔海相望的大陆能严丝合缝地拼在一起，直到魏格纳的出现。在1911年看完一部有关大地测量学与古生物学的论文集后，他回想自己一年前的发现，有了一个听上去很疯狂的假设——在很久很久以前，非洲大陆和南美洲大陆同属一片陆地，是地球自转的力量让原始大陆分裂后各自漂移，形成了如今的布局。这就是大陆漂移说的雏形。

人工数据库

身为科学家的魏格纳自然不会让自己的假设沦为空谈，所以他想尽一切办法来证明自己的假设是对的。

在他的著作《海陆的起源》中，出现的专著和论文有100余种，内容涉及地球物理学、地质学、古生物学和生物学、古气候学、大地测量学等多个领域。而他查阅后没用上的材料还可能更多。我们很难想象，一个跨专业的科学家，在没有电脑、没有互联网、没有大数据的时代，是怎样凭一己之力组建出如此规模庞大的数据库的，而且这项听上去几乎不可能的工作，有一部分是魏格纳在战场负伤后于病榻上完成的。我们只能感叹，魏格纳之所以能成为划时代的地质学家，绝非"偶然看到地图、随意提出个假设"那么简单。

大诗人的梦

要是你以为魏格纳能凭借自己的学说，轻而易举地走上人生巅峰，那可就大错特错了。这个石破天惊的观点，不仅没有为他带来鲜花和掌声，反而让他成了科学界的众矢之的。

人们觉得如此具有颠覆性的观点，却建立在诸多假设之上，缺少必要的证据，不足以令人信服。如果这个学说成立，那么那时的地理科学几乎要被全部推翻，而提出学说的科学家居然还是个"不务正业"的非专业人士，他得出的结论有多大的可信度，这在很多人心中都画上了一个大大的问号。相比大陆漂移说，他们更愿意相信"似乎更有道理"的陆桥说，尽管魏格纳已经在自己的书中用多种方法论证了该学说的不合理性。

在众人眼中，魏格纳不再是前途光明的气象学家，他变成了一个异想天开的"疯子"，一波接一波的嘲笑与批评如潮水般向这个青年学者涌来，甚至有人把他的学说称为"大诗人的梦"来讽刺他的"胡思乱想"。不过，孤军奋战的"大诗人"本人似乎没有受到什么影响，他跟往常一样，在去气象所工作的同时，也到大学授课。只是他仍然坚持自己所相信的，既然没有证据，他就寻找证据，魏格纳用坚韧不拔的精神与超乎寻常的毅力，真正将自己的生活写成了一首积极奋进的诗。

不灭的探险精神

魏格纳从小就对探险充满了渴望。为了像他的偶像富兰克林一样，年幼的他选择用滑雪的方式强健体魄。即使遭遇暴风雪，也不能让他停下探险的脚步。后来，他又参加了一系列登山活动，在旁人看来近乎残酷的训练却让他越发充满勇气与活力。

探险家的梦想一直在魏格纳的心中。这也对大学时代的他报考所学专业产生了影响——天文学和气象学。那时的他不但想向着广袤无垠的天空扩展自己的"探险版图"，更想利用这些知识来帮助他前往陆地上的未知之处进发。在博士毕业后的第二年，他坐上了热气球，创造了当时绝无仅有的连续飞行52

小时的世界纪录。难能可贵的是，他还在充满刺激的冒险过程中发现了气球的另一个用处，成为了利用气球观测、预报天气的第一人。

即使在小有成就之后，魏格纳也没有放弃对探险的追求。这一次，他迷上了世界最大的岛屿格陵兰岛，那里常年被冰雪覆盖，既危险又神秘。他加入了一支探险队，用半年时间横穿格陵兰大冰盖，获得了许多有关气象和冰川的珍贵数据。在那片冰天雪地中，魏格纳将探险精神发挥到了极致。零下65℃的酷寒中，大多数人都会丧失前进的勇气，而他却克服了重重困难，不仅参与了营地、基地间的物质运输，还一手建立了考察站，为后世科学家进行极地考察提供了方便。

那片白茫茫的冰原，也最终成为了魏格纳献身科学事业的长眠之处，这位极具传奇色彩的探险家刚刚过完50岁的生日不久，便在格陵兰考察时遇难。

其实，现在看来，魏格纳提出"大陆漂移说"也不能不说是一种冒险，他用自己毕生的努力坚持到了最后一刻。虽然没能等到学说被大众接受，但他的探险精神却永远地被世人铭记。为了纪念他，人们以他的名字命名了一颗小行星，也算是用另一种形式成全了魏格纳征服星辰大海的探险之梦。

来自魏格纳的信

亲爱的来自未来的小朋友们:

是一张世界地图给了我无限的灵感,只要你仔细观察,一定能像我一样发现其中的秘密——它们在很久很久以前,是一个整体。

这块拼图不一般

为什么发现于欧洲的蜗牛也能在北美洲看到它们的踪影?没有飞机和舰艇,它们是如何远渡重洋的?为什么某种植物化石可以在生物稀少的年代同时分布于大洋洲、南亚、南美洲、非洲?原因显而易见,不过需要你动手裁剪下面这幅世界地图,把它们拼在一起,还原魏格纳所说的远古大陆。

你的还原或许会经历 3 个步骤。

准备材料

一把剪刀,一张世界地图。

剪刀

世界地图

魏格纳小课堂:

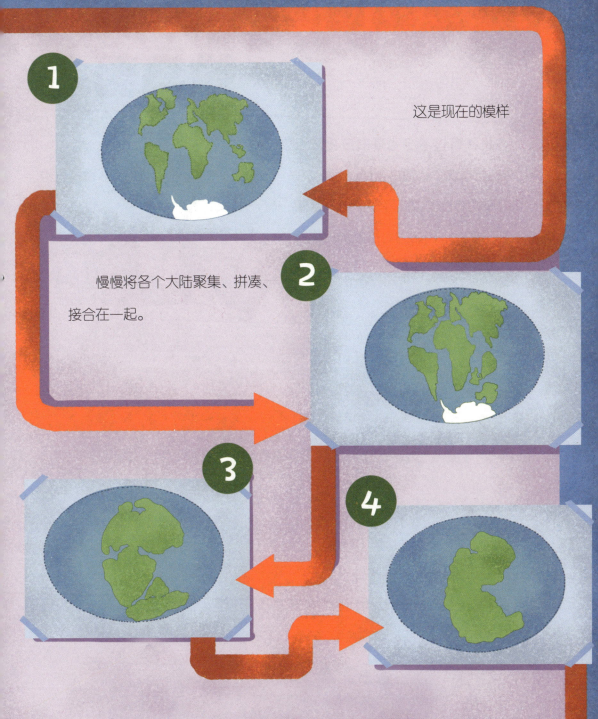

1 这是现在的模样

2 慢慢将各个大陆聚集、拼凑、接合在一起。

3

4

大陆一直在漂移。地球上所有大陆在中生代以前曾经是统一的巨大陆块，称为泛大陆。后来，大陆开始分裂并漂移，慢慢变成现在的模样。

横空出世的数学天才
——拉马努金

作者：三摄

你也许听过不少"草根逆袭"的故事，但在数学这个特别拼智商的领域中，一个几乎没有接受过高等教育的印度青年，能不能凭一己之力对抗欧洲近代百年的数学家群体？答案是——还真能！

名人小档案

姓名：斯里尼瓦瑟·拉马努金　　**国籍**：印度
出生日：1887年12月22日—1920年4月26日
爱好：数学　　**必杀技**：靠直觉造公式
成就：他是整数分拆方面的一代天骄，在椭圆函数、超几何函数、发散级数等领域也玩得风生水起。他还独立发现了近3900个数学公式和命题！

来自无名之辈的一封信

1913年1月16日，在英国剑桥大学任教的数学家哈代收到一封信，随信寄给他的还有一些数学笔记。

这份数学笔记中有一大堆写信人自己研究得出的数学公式和命题。哈代在和自己的朋友——另一位英国数学家李特尔伍德商讨之后，认定寄信人是一个不走寻常路的数学天才，决定把他邀请到剑桥大学来！

而这个神秘的寄信人，就是我们的主角拉马努金。在被哈代重视之前，他曾经给三位著名数学家写了信，但只有哈代认可了他的才华。不得不说，哈代不愧是数学史上"最远离忌妒情感"的大好人呀。

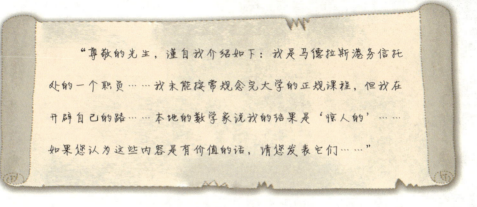

"尊敬的先生,谨自我介绍如下:我是马德拉斯港务信托处的一个职员……我未能按常规念完大学的正规课程,但我在开辟自己的路……本地的数学家说我的结果是'惊人的'……如果您认为这些内容是有价值的话,请您发表它们……"

漂洋过海赴剑桥

因为得到了哈代的夸奖,家境贫困的印度数学天才拉马努金得到了一笔奖学金,一夜之间就脱贫了。他终于可以一心一意地研究数学了!

在当时,整个印度没有人能看得懂拉马努金正在研究的东西,这让他特别想去剑桥大学深造,与哈代这样的大数学家交流合作。但是,拉马努金全家都是虔诚的印度教教徒。他们遵循着许多教规,比如不能吃牛肉呀,不能漂洋过海远去他乡什么的。

经过将近一年的努力,拉马努金才在1914年的春天乘船到了英国的剑桥大学。在这里,他和哈代进行了长达5年的合作研究。

二人合作起来简直天下无敌,共同发表了多篇非常重要的数学论文。拉马努金的脑子里总会莫名其妙地蹦出一些数学定律,但他没有接受过正规系统的数学教育,很难证明自己的定律是正确的;哈代则正好相反,身为当时欧洲水平最高的数学家,他特别擅长证明。

拉马努金独立发现了近4000个公式,其中一些是欧拉、高斯等欧洲数学家前辈们发现过的(他因为教育程度不够,没见过这些公式,用自己的方式重新发现了它们一次)。

这个人，不一般！

1887年12月22日，拉马努金出生于印度一个没落的婆罗门家庭。

他的父亲是一家布店的小职员，每月只有20卢比的工资，一家7口人就靠这点收入维持生活。

拉马努金小时候得过天花，虽然留下了一生都难以祛除的疤痕，但他幸运地活了下来。要知道，在当时的印度，10个孩子就有3个活不到1周岁。拉马努金是家中长子，但在他之后有好几个弟弟妹妹都夭折了。这让拉马努金在10岁前一直是家中唯一的孩子。

拉马努金从小就喜欢思考问题，曾问过许多诸如"谁是世界上第一个人""这两朵云之间的距离是多少"之类的问题。

据说，他在12岁时开始对数学产生兴趣，也差不多在这个时候开始研究等差级数和等比级数的性质。他的同学后来回忆说："我们，包括老师，很少可以理解他，并对他'敬而远之'。"

拉马努金上中学的时候，在课本上发现了一个数学公式。他有点儿沮丧也有点儿震惊，他原以为自己才是这个公式的发现者，结果发现早在150年前，这个公式就被其他的数学家发现了！后来，他把写了这个公式的纸藏在了自家的屋顶下面。

这个人，很痴狂！

拉马努金高中毕业时成绩很棒，是一位被校长称赞"用满分也不足以说明他如此出色"的优秀学生。

但是，拉马努金考入当地著名的贡伯戈纳姆学院后，只沉迷于研究数学，几乎不怎么学习其他科目，最后因成绩太差，他被学校开除！

拉马努金一气之下离家出走3个月。第二年，因为数学成绩好，他又被另外一所学院录取。然而由于偏科严重，他再次被大学"退货"。

后来，他的朋友推荐他去找一位叫拉奥的有钱人。拉奥很赏识拉马努金的数学才能，每个月给他一些钱，让他专心从事数学研究。

在朋友称赞拉马努金是个数学天才时，拉马努金会把自己又黑又厚的手肘处皮肤给朋友看。

原来，拉马努金每日每夜都在石板上进行数学计算。因为用抹布擦掉石板上的字太花时间了，他每隔几分钟就用手肘直接擦掉石板的字。

朋友问："你为什么不用纸来计算？"

拉马努金说："连吃饭都成问题，哪里有钱去买纸来算题呢！"原来，拉马努金觉得依靠别人的"赞助"来生活很不应该，已经有一个月不去找拉奥先生拿钱了。

这个人，不科学！

拉马努金是一个很神奇的人。之前提到过，他是一个婆罗门，而且是一个非常虔诚的信徒。他经常宣称在梦中娜玛卡尔女神给其启示，他常常说他的数学天赋是他信奉的女神赐给他的。而他那些莫名其妙的数学方程式，是这位神写在他的舌头上的，有的时候是托梦给他的。他常常一觉醒来，就能写下不少数学公式和命题。

更不可思议的是，他写下的公式和命题，还在日后被证实了！比利时数学家德利涅于 1973 年证明了拉马努金 1916 年提出的一个猜想，并因此获得了 1978 年的菲尔兹奖。

不仅如此，拉马努金还沉迷于占星术之类玄之又玄的东西，他曾经帮自己占卜，算出自己活不过 35 岁，这让他的很多朋友都感到匪夷所思。

因为那强到不科学的数学直觉，拉马努金对现代数学的发展做出了巨大贡献。除此之外，拉马努金的理论还得到了广泛的应用。

他发现的好几个定理在包括粒子物理、统计力学、计算机科学、密码技术和空间技术等不同领域起着相当重要的作用。他生命中的最后一项成果——模仿 θ 函数有力地推动了用孤立波理论来研究癌细胞的恶化和扩散以及海啸的运动，这一函数甚至可能被用来解释宇宙黑洞的部分奥秘。

要知道，当拉马努金首次提出这种函数的时候，人们根本就不知道黑洞是什么！更夸张的是，他的一些公式后来被发现可以用来解释十维宇宙！

这个人，非常牛！

因为宗教信仰，拉马努金只吃素食，而且还只吃婆罗门做的素食。在英国生活那段时间，他不得不自己煮蔬菜吃，还常常因研究而忘记吃饭。

拉马努金自小生活在炎热的印度，甚至连毯子都不会用。于是，在英国寒冷的冬季中，又冷又饿的拉马努金的身体越来越衰弱，他常感到身上有莫名的疼痛。后来才发现，他患上了当时难以医治的肺结核。

拉马努金病重时，哈代前往探望。哈代说："我乘出租车来，车牌号码是1729，这数真没趣，希望不是不祥之兆。"

拉马努金答道："不，那是个有趣得很的数。可以用两个立方之和来表达而且有两种表达方式的数之中，1729是最小的。"（即 $1729=1^3+12^3=9^3+10^3$，后来这类数称为的士数。）

李特尔伍德听到这个趣事，说："每个整数都是拉马努金的朋友。"

1919年4月，思乡心切的拉马努金回到印度。1920年4月26日，拉马努金病逝于马德拉斯，年仅32岁。他的亲人（包括父母）因为他违背教义跨越大海的事情而拒绝参加他的葬礼。

哈代曾给自己的数学才能评了25分，给李特尔伍德评了30分，给拉马努金评了100分，并感慨道："我们学习数学，拉马努金则发现并创造了数学。"

"喵星狂人"薛定谔

一只小猫陷入危机,它究竟是生是死?一个神秘的盒子在你面前,你决定是开还是不开?一位聪明绝顶的科学家,提出一个关于猫的思想实验"辣手摧猫"之后世界闻名。这其中究竟有什么人们不知道的秘密?

让我们一起走进"喵星狂人"薛定谔的奇幻人生!

名人小档案

姓名:埃尔温·薛定谔　　　**国籍**:奥地利
生卒:1887年8月12日—1961年1月4日
职业:物理学家、量子力学奠基人之一
爱好:滑雪、溜冰、爬山、徒步旅行、文学……　　**必杀技**:开盒,放猫!
成就:提出了薛定谔方程,为量子力学奠定了坚实的基础,设计出薛定谔的猫思想实验,并获诺贝尔物理学奖

无忧无虑的快乐童年

薛定谔出生于奥地利一个手工业主的家庭。他的爸爸鲁道夫·薛定谔继承了家族的油毡工厂,生意相当不错。所以,薛定谔的家庭条件还是很优渥的。薛定谔的妈妈是奥地利和英国的混血儿。薛定谔小时候接受的是英语和德语

的"双语教学"。

薛定谔的爸爸是一位有教养的绅士,并且在生物学方面的造诣颇深,常常陪着薛定谔一起玩耍,满足他的好奇心,培养他对大自然中万事万物的广泛兴趣。薛定谔回忆他的爸爸时说:"对于他的成长中的儿子来说,他是一个朋友,是一位老师,也是一名不知疲倦的谈话讨论的伙伴,他是一个陈列着所有吸引着我、令我着迷的事物的殿堂。"

家庭幸福、无忧无虑的薛定谔似乎没有成为"喵星狂人"的潜质呢!

不折不扣的"学神"

薛定谔 11 岁进入了维也纳高等专科学校所属的预科学校。他曾这样总结自己的中学生活:"我是一个好学生,我并不注重主课,却喜欢数学和物理,但也同样喜欢古老语法的严谨的逻辑。我讨厌的只是死记硬背那些偶然的历史事件和人物传记中的年代等各种数据。"

他的一位中学同学回忆说:"薛定谔当时在学校里成绩总是名列前茅,特别是数学和物理。他能够迅速抓住老师讲解的关键,在课堂上就写完全部作业。老师常常会在讲完当天的课程后把他叫到黑板前,给他出一些题,可这家伙解题就跟玩儿似的……"

没错,薛定谔就是这样一位聪明绝顶的"学神"!而这也不会让他变成"喵星狂人"呀?

花样繁多的兴趣

学生时代的薛定谔因为太聪明了，学什么都很快，因此有着大把的富裕时间。于是，他开心地花时间来学习英语，而英语和法语在当时奥地利的预科学校里是不教的。

不过，薛定谔可不只是沉迷于学习，他也特别喜欢体育活动，尤其是徒步旅行和登山运动。

他还不是一个偏科的纯"理工男"，因为他特别爱好文学和哲学，对学校里开设的希腊语、拉丁语课也非常喜欢……

大学处处遇"贵人"

1906年，薛定谔进入维也纳大学，主修他喜爱的物理和数学。

在此期间，薛定谔成了玻尔兹曼——当时奥地利最杰出的理论物理学家的小崇拜者。这位偶像的思想影响了薛定谔的一生。薛定谔曾深情地说："玻尔兹曼的思想路线可以称为我在科学上的第一次热恋，没有别的东西曾如此使我狂喜，也不会再有什么能使我这样。"

薛定谔对自己的评价没有错，就算上了大学，他还是一个不折不扣的好学生，他把主要精力用于选修哈泽内尔的几乎所有的理论物理学课程！哈泽内尔显然也是一位好老师，因为薛定谔是一个不喜欢做家庭作业的学生——他自己说课堂上的学习对他来说更为重要，因为他不太善于从书本文献中去掌握领会知识。说白了，就是他自认为不擅长自学，需要老师的教导和监督。

薛定谔感激自己的老师，甚至在他发表诺贝尔奖获奖演说时，说："假如哈泽内尔没有去世的话，那么他现在必然会站在我的位置上。"

然而薛定谔的"贵人"还不止这些！数学课，科恩的投影几何课给他留下了深刻印象。化学课，斯克劳普让他掌握了无机化学……就连因为服兵役而耽误的物理课，后来也补上了！他因为成为实验物理学家埃克斯纳的助手并结识了科尔劳施……这让他认识到了实验的重要性。

天赋加勤奋加好运气，薛定谔简直就是大学生活里的赢家！

第一次世界大战中的薛定谔

薛定谔一直待在维也纳大学中潜心研究，尽管这种平静的生活曾被第一次世界大战打断。

是的，薛定谔参加过第一次世界大战。在战争一开始，他就应征入伍，成为奥匈帝国的一名炮兵军官。

他回忆："接着战争开始了，那时我作为一名炮兵军官驻扎在东南前线，没有受伤，没有生病，也没有获得什么荣誉。"

在残酷的战争面前，薛定谔感到了平静生活的难得，生命和时光的可贵。到了后来，薛定谔一直待在比较安全的后方——这也是奥匈帝国为了保护科学人才而采取的措施。

薛定谔负责给一批批即将赴任的防空部队军官讲授气象学的基本概念和事实，例如大气的构成、太阳辐射、风暴、云层结构、天气图等。这些课程虽然很简单，但还是唤起了薛定谔的"研究梦"。他很快又向《物理学期刊》寄出了一篇题为《论大气声学》的论文，讨论了大气中声波的传播方程。

薛定谔的猫

薛定谔提出了一个著名的思想实验，目的是取笑量子物理的奇怪特性。

俗话说得好，"量子物理是个筐，各种不科学的东西都能往里装"。因为量子物理实在是太匪夷所思了！

1935 年，爱因斯坦等人提出了量子纠缠的特性——一个量子系统的态并不是确定的，直到它实际中被测量。

玻尔曾说过："谁要是第一次听到量子理论时没有发火，那他一定没听懂。"那么量子理论到底是什么呢？别人发没发火不知道，反正薛定谔发火了。

他假设在一个盒子里有一只猫、少量放射性物质以及毒气。之后，有 50% 的概率放射性物质将会衰变，并使毒气释放出来，而杀死这只猫，同时有50%的概率放射性物质不会衰变而猫将活下来。

根据经典物理学，在盒子里的猫不是死就是活，没有别的可能。

薛定谔取笑说，按照量子理论的解释，盒子里的猫处于"死－活叠加态"——既死了又活着！要等到打开箱子看猫一眼才决定其生死。正像哈姆雷特所说："生存还是死亡，这是一个问题。"

在常人看来，薛定谔是一个非常古怪的人。大概是因为从小到大都是"天才"，他从来没有刻意把自己打扮成别人喜爱的样子。他一生热爱科学研究。正如他所说："我们热切地想知道自己从哪里来到何处去，但唯一可观察的只有身处的这个环境。这就是为什么我们如此急切地竭尽全力去寻找答案。这就是科学、学问和知识，这就是所有精神追求的真正源泉。"

小链接

薛定谔纸币，你见过吗？

"物理中没有金钱"，这也许是对的。不过金钱中却有物理！

下图就是薛定谔纸币——奥地利1000先令。正面是薛定谔的头像，背面是维也纳大学。

薛定谔1000先令的流通时间是1983—1997年，现在早已绝版。要是有幸见到，一定要收藏一下！

注意！泡利来了

作者：崔文晶

如果你是20世纪的物理学家，某一天你突然看到你所有的同事紧张兮兮地将所有的实验仪器锁在柜子里，并以最快速度逃离实验室，那很可能是沃尔夫冈·泡利来了！

名人小档案

姓名：沃尔夫冈·泡利　　**国籍**：奥地利
生卒：1900年4月25日—1958年12月15日
职业：物理学家、批评家
爱好：跳舞、喝酒、专心致志地埋头搞研究
必杀技：泡利效应、"毒舌"
成就：泡利不相容原理、推测 β 衰变中能量不守恒问题等等
社会关系：

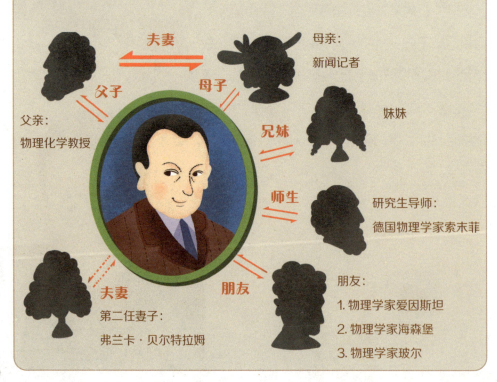

天才？我就是！

泡利从小就在物理学方面显示极高的天赋，读中学时就自修了大学物理学。1919年，泡利找到在慕尼黑大学任教的索末菲，要求索末菲允许他不读大学，直接做他的研究生。本来还很怀疑泡利能力的索末菲很快便发现，这个年轻人有着远超他人的物理学才能。泡利21岁时，在广义相对论才发表的第三年，很多人还不理解这一理论的前提下，他的一篇关于相对论的200多页的文章震惊了物理学界。爱因斯坦看完文章后，特意写信赞叹了泡利的学识："思想发展得心领神会，数学推导得精湛，深刻的物理洞察力，评价得恰到好处——人们简直不知最先称赞什么才好。"

泡利牌"毒舌"来了，做好准备！

早在1919年6月4日，泡利就发表了一篇讨论引力理论的文章，在文章中批评了当时已是苏黎世联邦理工学院教授的韦尔。从那时起，他便显露了自己的"毒舌"本质。为了突出他犀利、尖刻、毫不留情地批评他人的语言风格，荷兰物理学家艾伦·菲斯特善意地称他为"上帝的鞭子"。

泡利"毒舌"事件

1. 对于那些看上去缺乏严格性和可检验性的假定,泡利说:"它不仅不是对的,甚至连错误都算不上。"

2. 还是学生的泡利听完爱因斯坦的演讲后,站起来说:"我觉得爱因斯坦不完全是愚蠢的。"

3. 一次学术会议上,一位物理学家作完报告后,泡利告诉他:"我从来没听过像你这样糟糕的报告。"然后他又扭头对身边的一位物理化学家说:"如果你来作报告,情况会更糟糕。"

有人嫌弃泡利的"毒舌",也有人欣赏泡利的"毒舌"。因为事后证明,泡利的批评大多都是正确的,很多人凭借泡利的批评,找到了新的研究灵感。20世纪物理学的重要人物玻尔就曾这样说过:"确实,每个人都渴望听到泡利永远很强烈和很幽默地表示出来的对于新发现和新想法的反应,以及他对新开辟的前景的爱与憎。即使暂时可能感到不愉快,我们也会从泡利的评论中获益匪浅……"

"毒舌"？不存在的！

泡利虽然是个"毒舌"，但他也有十分尊敬的人。在遇到那些人的时候，他就会变得十分"温顺"。

爱因斯坦

虽然泡利曾经公开"怼"过爱因斯坦，但他对爱因斯坦还是非常尊敬的。1945年泡利获得了诺贝尔物理学奖，爱因斯坦说了一段简短的祝贺。而这段祝贺，被泡利记了好多年，可见爱因斯坦在他心中的地位。

爱因斯坦70岁生日时，泡利提到了那段祝贺：

> 您的70岁生日给了我一个愉快的机会，在向您表示由衷祝贺的同时，告诉您我是多么感激您在普林斯顿给予我的私人友情，以及您1945年12月在研究院庆祝会上的讲话给我留下的记忆有多么难忘。

爱因斯坦去世后，泡利再次提到了那段祝贺：

> 这样一位亲切的、父亲般的朋友从此不在了。我永远也不会忘记1945年当我获得诺贝尔奖之后，他在普林斯顿所作的有关我的讲话。那就像一位国王在退位时将我选为了如长子般的继承人。

索末菲

在泡利的人生中，索末菲可以说是影响最大的一位。索末菲不仅是著名的物理学家，还是多名诺贝尔物理学奖获得者的导师，泡利就是其中之一。所以，泡利对他的老师极为尊敬。

不管在什么场合，在见到索末菲的时候，泡利都会鞠躬行礼。而且，说话经常"咄咄逼人"的泡利，在索末菲面前，态度却极其"温顺"——"是，索末菲先生,是,那是最有趣的,虽然我也许会倾向于稍稍不同的表述。我可不可以这样来表述?"

泡利也曾疑惑于自己对索末菲的敬畏,他曾写信询问索末菲:

亲爱的索末菲先生,自从1918年,我第一次见到您以来,一个深藏在我心中的秘密就是,为什么只有您这样成功地让我感到敬畏……有时候您的一个很自然的眉头紧蹙,就让我感到惶恐不安,我生怕在某方面做得不够好,会受到您严厉的批评,虽然您没有怎么批评过我。我的这种敬畏您的心理,是由于您的独特人格魅力所带来的,我多么庆幸能够成为您的学生。"

我有另类的超能力!

在20世纪的物理学界,流传着一个比任何原理都出名的效应——泡利效

应！简单来说，就是只要泡利一出现，实验设备必然会出现故障！

有关泡利效应的传闻还有一个有趣的特点，那就是泡利效应绝不会损害到泡利本人。有一次泡利要参加一个学术会议，参加会议的年轻物理学家们决定跟泡利开个玩笑，他们在会议厅的门上做了一个触发式的机关，只要泡利一推门就会发出类似爆炸的响声。结果，在泡利推门而入的一刹那，那个被他们反复测试过的机关居然"卡壳"了！泡利效应通过破坏"实验装置"，成功地"拯救"了泡利。

命运给了泡利良好的生活、学习环境，他也证明了自己并未被命运宠坏。他用他的"毒舌"、天才般的能力，在20世纪的物理学界留下了自己的威名。

数学"幽灵"——约翰·纳什

人在入睡后,由于大脑皮质未完全受到抑制,从而脑海里会出现各种情景,这是一种正常的生理现象——做梦。那些表面上内敛羞涩的人,在自己的梦里可是能会破得了悬疑案,打得了小怪兽,上天入地不在话下,刀山火海随便逛呢!

但梦境再奇妙,也只会持续几个小时,人从梦中醒来之后只能揉揉眼睛一脸懵地想:"嗯?我刚才的枪呢?"结果一伸手,除了软绵绵的床垫之外啥也摸不到。

今天要讲的这位"悲情天才",正是因为"做梦",才造就了他惊天地泣鬼神的血泪(憋屈)史。只不过他这"梦"一做啊,可就是25年。

名人小档案

姓名:约翰·福布斯·纳什　　**国籍**:美国
生卒:1928年6月13日—2015年5月23日
爱好:外星人、数学　　**必杀技**:人格转换
职业:著名数学家、经济学家、普林斯顿大学数学系教授、诺贝尔经济学奖获得者
成就:证明了非合作博弈及其均衡解,创造"纳什均衡",改变了经济学的体系和结构

怪人中的怪人

纳什小时候并不合群，但不是所有问题都能甩锅给童年阴影（他生活在一个非常温情的家庭），纳什的孤僻是"出厂"自带的。他天生清高、自傲、以自我为中心。

后来，纳什逐渐显露出来的数学天赋使他成功被普林斯顿大学录取，并在那里留下了一篇经济学上里程碑式的毕业论文，那篇仅仅27页的论文中提及了一个重要概念——纳什均衡。

24岁那年，他开始在麻省理工学院教书，并成为了一名令学生"闻风丧胆"的教授。纳什的同事称他"无情、偏执，沉醉于自己的隐秘世界，根本不能理解别人操心的世俗事务"。他的学生们每天要爬上全校最小、最高的教学楼，面对史上最古怪、最傲慢、最不按常理出牌的数学系教授，光是想想就觉得刺激呢！

总之，此时的纳什只是个还未涉世的青年，两耳不闻窗外事，一心只读数学书，浑然不知自己21岁时写下的论文在未来创造了经济学上的奇迹！

永远差一点！

随着时间的流逝，纳什并没有像他人预料的那样厚积薄发，取得傲人的成就，而是渐渐拉开了自己"憋屈大戏"的序幕。

他曾不止一次与成功失之交臂，刚毕业的纳什在进行着纯数学研究的同时，已经在普林斯顿大学为本科生授课，但由于他自闭式学习的性格，他的母校拒绝给纳什授予教职。

研究领域中,纳什在代数簇理论、黎曼几何、抛物和椭圆型方程上都取得了突破,1958年因为他在抛物和椭圆型方程上的成就,几乎获得了菲尔兹奖(那可是数学界的诺贝尔奖!),可是由于他的一些学术成果没有来得及发表,最终无缘奖项,只能委屈巴巴在自闭的道路上越走越远。

我们再来看看那大名鼎鼎的"纳什均衡"。纳什均衡,又称为非合作博弈均衡,在A与B博弈的过程中,无论对方的策略选择如何,当事人A都会选择某个确定的策略,则该策略被称作支配性策略。如果两个博弈的当事人A和B分别构成了自己的支配性策略,那么这个组合就被定义为纳什均衡啦。

比如,有两个犯罪嫌疑人被警察抓住,分别关在不同的屋子里接受审讯。警察知道两人有罪,但缺乏足够的证据。于是他告诉每个犯人:如果两人都抵赖,各判刑1年;如果两人都坦白,各判刑5年;如果两人中的一个坦白而

另一个抵赖，坦白的可以得到释放，而抵赖的判刑20年。于是，每个犯罪嫌疑人都面临两种选择：坦白或抵赖。然而，在考虑同伙的选择方案后，每个犯罪嫌疑人的最优选择都是坦白，那便是他们各自的支配性策略。不过，聪明的小伙伴会发现，对个人最有利的支配性策略并不一定对集体有利，这两个犯罪嫌疑人的选择恰恰为整个集体带来了最坏的结果。

这篇论文改变了经济学的体系和结构，使经济学与其他社会科学、自然科学有了更近一步的联系，几项荣誉都理所当然应该授予它，但我们"悲情天才"的名号可不是白给的，他又一次遭到了委员会的否决！这一次是由于纳什的精神状况——他开始"做起梦来"了。

小链接

纳什的天才发现曾遭到冯·诺依曼的断然否定，在此之前他还受到爱因斯坦的冷遇。

天才也有看错天才的时候，好在从小就不爱群居的纳什早就习惯了他人的否定，一鼓作气藐视权威（让冯·诺依曼好好造他的计算机去吧，别来掺和这事！），坚持自我，终成一代大师。

黄粱一梦二十多年

"我正通过手里的报纸收到一些信息，大概是来自宇宙的神秘力量，而只有我能够解读外星人的密码。"如果你抬头，就会看见纳什拿着一份《纽约时报》，嘴里念念有词，垂头丧气地走进麻省理工学院一间坐满教授的办公室里。一个人问他为何那么肯定，他回答道："有关超自然体的感悟就如同数学中的灵思，是没有理由和先兆的！"

没错，命运再次狠狠地坑了纳什一把，他"疯了"。至少在外人看来是这样。

几次和荣誉失之交臂，1958年，原本内向的纳什先生好像变了一个人。他先是一身婴儿打扮出现在新年晚会上，后来又变得目光呆滞、蓬头垢面，甚至在街头光着脚丫子晃晃悠悠。

从此以后，纳什渐渐被学术界遗忘。他开始出现幻听之后，被诊断为患有严重的精神分裂症。大量的药物治疗使他思维迟钝，无法思考。而正在这时，他的名字开始出现在20世纪七八十年代的经济学课本、进化生物学论文、政治学专著和数学期刊等各领域中。在疗养院玩泥巴的纳什不知道，博弈理论越来越有影响力，他的名字已经成为经济学或数学的一个名词。有几项荣誉性奖都差点要授予给他（包括诺贝尔奖和他梦寐以求的菲尔兹奖），但最终都因为他的病状而放弃。大部分曾经运用过他理论的年轻科学家都根据他的论文发表日期，想当然地以为纳什已经去世。殊不知他这时忙得很，正在头脑之中探索外星人的踪迹呢。

理性还是疯癫？

在辗转几家精神病院治疗期间，纳什曾说："如果我不变得正常，他们是不会让我出去的。可是，我从来没有正常过啊……"纳什教授心中最纯粹的数学不是理智，而是灵感。对于他这样的"梦想家"，若重获理智则意味着灵感丧失，他情愿当个快乐的小疯子。一个朋友在他住院时去探望："你发疯的时候声称外星人和你说话。可是你这样一个理性的数学家，怎么可能相信外星人这种无稽之谈？"纳什回答："数学的创见同外星人一样进到我的脑子里，我相信外星人存在，就像我相信数学。"

20世纪80年代末，纳什慢慢恢复，结束了长达25年的"精神休假"。不但没有"起床气"和大梦初醒的恍惚，他反而神清气爽，笑嘻嘻地跑回了普林斯顿继续学数学。

于是学生们常常看到一个穿着红跑鞋的中年人面容枯槁地在校园里游荡,在整块黑板上写下不合逻辑的公式,拿着几百张前夜刚演算好的数学公式出现在某教授的办公室,他有了个"数学楼幽灵"的绰号,很少人知道这个"幽灵"就是约翰·纳什。

终于得奖啦

1994年,约翰·纳什和其他两位博弈论学家约翰·C. 海萨尼和莱因哈德·泽尔腾共同获得了诺贝尔经济学奖。

人们对约翰·纳什有怜悯、有同情、有质疑、有叹息,但有一件事情值得肯定,他热爱数学,并将它视为自己精神和灵魂的一部分。人一旦对某件事情陷入痴迷,并坚持下去,终究会获得回报!

纳什称自己二十多年的"疯癫"为休假,并咬定自己并不是通过药物康复的,或许他只是在需要放松的时刻将体内的小宇宙释放,再理性地抑制了它们。又或者,这只是挽回自尊的说辞罢了。

也许约翰·纳什本人都无法分辨出癫狂和清醒的自己,可能他还未康复,或者从未疯过。

我的疾病完全是凭借意志力治愈的!

发现与创造的智者

置身"知识大爆炸"的时代,平凡的我们也许是幸运的!

每一个理所当然的常识,每一个平平无奇的物品,每一个印在书本上的公式和定理……我们一点儿都不稀奇。

但我们要知道这习以为常的生活里凝聚着无数顶尖智者的毕生心血。